事業創成
イノベーション戦略の彼岸

Business Creation and Sustenance:
Beyond Innovation Strategy

小林敏男

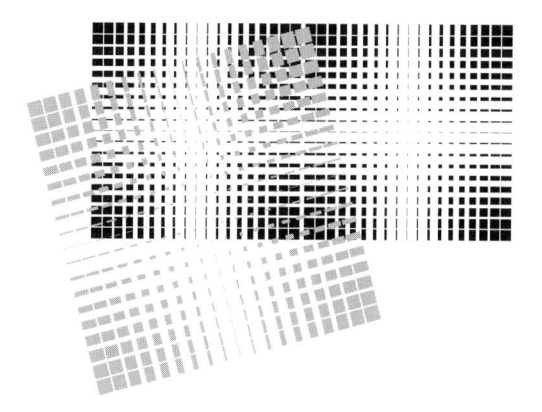

有斐閣

はしがき

　近年,経営戦略に限らず,国際金融,経済政策,人的資源管理,マーケティング,ファイナンス等々,経済・経営に関する議論が囂(かまびす)しい。東西冷戦構造の崩壊に始まって一挙に加速したグローバル化と情報通信技術(ICT)の進展により出来したグローバルなメガコンペティション状況の中で,いくつかのバブルとその崩壊が惹起した世界的な不況,およびそのもとでのデフレや価格破壊を目の当たりにして,個別経営のみならず国としても競争優位という視点から,各機能の政策と戦略にイノベーションが求められているためであろう。

　イノベーション(innovation)は,一昔前の経営書においては,「技術革新」と訳されていた。しかしながら,語源的には in(内に向かって)・novare(ラテン語で「新しくする」),ということであり,それこそシュンペーターがいうように,単に技術に限らずアイデアに基づく「創造的破壊」によって,物事の「新結合」「新機軸」「新活用」等を生み出すことを意味しているのである。具体的には,既存の制度,組織,仕組み,製品・サービスに真正面から対峙して,新たな技術あるいはアイデアを注入し,必要となれば構造改革を通じて,新たな価値を創出することである。その意味からすれば,経済経営環境の激しさが,イノベーションとそのための戦略論を国や企業に求めさせているのであろう。

　イノベーション論,百家争鳴の時代である。ただ,それが,新たな技術・アイデアをどのように活用するかに終始したり,また

i

新たなビジネスモデルを紹介するだけになってしまっていては,その語義からして十分ではない。求められているのは,既存のシステムを,新たな技術やアイデアをもとに,どのように構造改革し,それを持続可能なものに仕立てていくかである。それゆえ,ビジネスモデルを紹介する研究が多くなるのは首肯できるが,問題は,新たなモデルを単に学習するだけではなく,その戦略的意図と組織における実行可能性,さらには持続可能性を検証することができるかなのである。

ICTによってもたらされた,さまざまなコンテンツやアプリケーション,サービスの市場は,B2BやB2Cといった旧モデルを遠く置き去りにして,C2C4B等,ビジネスモデルにおける進化を続けてとどまるところを知らない。しかし,そうしたことをただ先進事例として追い求めるだけでは,経営本来のミッションを果たすことはできないであろう。

経営における本質は,前述のように,新たな技術やアイデアをもとに,新たな事業を形成し,それを持続可能なものに仕立てることである。もちろん,既存事業がある場合,その環境適応も疎かにはできないが,その適応過程も実は,シュンペーター的な解釈に基づけば,イノベーションのプロセスなのである。すなわち,イノベーションとは,事業を創造し,それを維持・発展させる,事業創成のプロセスにほかならない。そうした観点から本書は描かれている。

本書の目的は,激しい競争と不安定な市場動向において,政策立案・戦略策定に日夜悪戦苦闘している実務家のみならず,イノベーションを中心に組織のダイナミズムを研究している研究者およびその予備軍を対象として,経営戦略,組織,イノベーション,マーケティングに関する「必読書」ともいえる名研究をもと

に，筆者なりの戦略枠組みを提示することである。

　その枠組みとは，結局のところ，ガワー゠クスマノ流のプラットフォームリーダーシップ論に基づき，そこにサプライチェーンマネジメント（SCM）の視点を取り入れた，「エコロジカルニッチ」という概念に集約されることになる。エコロジカルニッチ戦略とは，事業創成において，市場におけるニッチセグメントを橋頭堡とし，そこから効果的な SCM を展開してサードパーティ等の参加を促し，その輪を広げていくことによって形成される「商流プラットフォーム」をもとに，メインストリーム市場での競争ルールの転換を狙うという戦略である。

　このイノベーション戦略の背景には，学説史上の大きな潮流変化がある。そこには，以前より唱えられている，「市場」か「組織」かというような経済取引におけるダイコトミーの問題に応えるために用意されてきた，「ネットワーク」といった概念だけでは，経営の現実に十分に対応し切れないという現状がある。たとえば，規格や知的財産権に基づく標準化グループが「ネットワーク外部性」よろしくネットワークとして扱われ，他方で効果的な SCM によって関係づけられた企業間ネットワークもネットワークという概念によって同様に扱われてしまっては，経営における進化の現状が捨象されてしまうことになる。両者の取組みは，事業創成上の観点からすれば，ミッション，規模，取引内容，いずれにおいても異なるものであり，それらをきっちり分節化することが，イノベーション研究においては求められているのである。

＊

　以下に本書の概要を記しておこう。第 1 章「**古典的戦略論**」においては，新たな技術やアイデアを活かし新たな事業をどのよう

に形成するかという問題は,とりあえず括弧の中に入れ,主に企業成長のための定番戦略論を紹介する。それは,企業成長のための古典を理解することによって,市場における顧客,競合,供給業者,補完業者の動きを理解するためである。

まず,経営戦略論における王道として垂直的統合を紹介した上で,プロダクトライフサイクル仮説に基づくアンゾフの戦略スキームおよびポーターの戦略オプションを取り上げる。そして,資源配分の観点からPPMおよびGEグリッドといった分析ツールを紹介し,資源基底枠組み (resource based view) の観点からそれらの問題点を指摘する。最後に,経営資源に基づく競争戦略策定ツールとして,SWOT分析を事例とともに紹介し,その実践性を高めるための要点を明らかにする。

第2章「イノベーションのジレンマ」では,成長し成功を遂げた企業が陥りやすい罠として,クリステンセンの議論を紹介し,その解決策に向けた戦略を検討する。イノベーションのジレンマには,顧客ニーズへの対応のために抜本的な新技術を率先して導入してきた優良企業が,念頭にも置いていなかった新興市場の製品に自らの市場を侵食され,衰退してしまうというところに,現場の経営者ならびに製品開発者を震撼させるメッセージが含まれている。

そこで,なぜそうなるのかの原因究明を行い,次に,そのための対応策を事例紹介を通じて検討する。アップルのニュートン,HPのキティホーク,コダックのデジタルカメラの事例分析を通じて見えてくることは,流動化が著しい今日的経営環境において求められる組織戦略論である。既存の組織システムの慣性を,どのようにすれば構造改革することができるのか。外部資源活用のイノベーション論でもある。

第3章「オープンイノベーションへの展開」では、クリステンセンの議論を継承して、外部資源の活用を積極化するのみならず、未利用の内部資源の有効活用を促進させる枠組みとして、チェスブローのオープンイノベーション論を紹介する。チェスブローは、クローズドイノベーション（自前主義）の時代は終わり、今やオープンイノベーションの時代であるという。

クローズドイノベーションからオープンイノベーションへの転換を見事に成功させたIBMや、オープンイノベーションを地で行くインテル等、オープンイノベーションの典型企業は少なくないが、中でも、コーポレートベンチャーキャピタル（CVC）という枠組みのもとでオープンイノベーションを展開してきた、かつてのルーセントNVGおよびシスコといった通信機器ベンダーにフォーカスして事例を分析する。その上で、CVCのマネジメントのあり方を紹介する。というのも、オープンイノベーションというニューパラダイムと、垂直的統合というオールドパラダイムをつなぐ架け橋になるのが、CVCだからである。

第4章「プラットフォームリーダーシップ」は、そうしたオープンイノベーションにおける戦略的意図と、組織化による不確実性除去を達成するための1つの方法論である。プラットフォームとは、それによって形成された技術・製品のエコシステム（生態系）内で発生した複数のイノベーションを通じて、システム全体が活性化され、その価値が高まるという、社会的基盤である。

プラットフォーム形成における先駆的な役割を果たしたインテル、遅ればせながらも自らの知的財産権戦略を修正する形で展開したIBMをケースとして取り上げ、紹介する。知的財産権戦略に関する新たな知見を導入するのみならず、それが製薬企業における戦略行動にどの程度適用可能かについても検討する。

第5章「キャズムの発見」では，一転して，新規事業創造の難しさが，ムーアの理論に基づき紹介される。新技術あるいは新たなアイデアに基づく製品は，「初期市場」においては好評を得ても，それが「メインストリーム市場」において受け容れられるとは限らない。理由は，初期市場とメインストリーム市場とでは，顧客の消費行動が異なるからだ。そうした市場間の溝を，ムーアは「キャズム」と呼ぶ。この溝に陥らないためにどうすべきであるのか。それがこの章の課題である。

　ニッチ市場の特定に始まって，エンドユーザー，テクニカルバイヤー，エコノミックバイヤーの峻別と，それに基づくビジネスモデルの構築，さらにはエレベータステートメントの作成，ホールプロダクトの発表，流通チャネルの利用法，価格設定等，具体的かつ実践的な指針が，シマノ，ホギメディカル，シリコングラフィックスなどのケース分析から導出される。新規事業創造を念頭に置いている実務家にはうってつけの章といえよう。

　第6章「エコロジカルニッチの薦め」は，本書の結論に相当する章である。「デル化」「ザラ化」といわれて久しいコモディティ化（価格破壊）環境において，どのようにすれば企業が存続することが可能になるのかについて，カネカなどのケースをひもときながら，具体的な戦略方針を提示する。そこにおいて重要になるのは，「産業生態系」という概念で，競合，サプライヤー，補完業者を含めた生態系においていかに地歩を築けるのかが焦点となる。

　そのために，スタートアップ時点では，ニッチ分野における効果的なSCMと企業間連携が必要となってくるであろうし，次には産業生態系における位置どりをもとに，「商流プラットフォーム」を構築することが，補完業者を巻き込んだ形でのニーズ開拓，

新技術・新製品開発につながる,ということを明らかにする。

補論「組織間関係の経済学」は,第1〜6章の議論を経済学的に捉えた場合,どのように考察可能かという観点から,主に取引費用の経済学と資源基底枠組みをもとに,垂直的統合戦略および戦略的提携(オープンイノベーション)を詳細に検討している。経済学に興味がない読者にとっては,いささか退屈な議論かもしれないが,本書の理解度を深めるには欠くことができない。戦略の背後には,必ず「合理性」があるということを理解するために,チャレンジしてもらいたい。

＊

本書を完成させるにあたっては,多くの方々に大変なご支援とご協力をいただいた。本書は,筆者が大阪大学大学院経済学研究科・経済学部に勤務すること二十余年を経て,はじめて得たサバティカルの機会なくしては完成させることができなかったであろう。その意味において,筆者のサバティカルを快諾してくれた阪大経済の同僚諸氏にまず謝意を述べたい。とりわけ,講義負担のみならず,種種雑多な業務を何ごともなかったように引き受けてくれた関口倫紀教授と中川功一准教授をはじめとする経営学系グループの諸氏には,多謝の念に堪えない。

サバティカルということから研究室業務の負担が一挙に覆いかぶさってきたにもかかわらず,何の文句もいわず,それどころか自ら進んで学生と良好な関係を構築し事務処理を効率的に進めてくれた久保圭以子秘書に感謝したい。また,十分な指導を行えなかったにもかかわらず,論文作成や学会発表等を自力で乗り越えていってくれた指導学生たちの思いやりと実力を有り難く思う。とりわけ2013年10月からイノベーション・マネジメント寄附講

座の特任助教に就任した中田有吾君には，製薬業界をはじめとするいくつかのケース作成に協力してもらった。記して謝意を示したい。

生来研究者としては怠け者で筆が遅い筆者に，単著の執筆を励まし続けてくださった，大阪大学名誉教授・中村宣一朗先生には，お礼の辞が見当たらない。先生なくしてはこの書を世に問うことはできなかったであろう。また，今では阪大を去り他大学に移られた先輩の教授陣，とりわけさまざまな角度から先鋭的な議論をしていただいた，金井一賴名誉教授（現，大阪商業大学教授），淺田孝幸名誉教授（現，立命館大学教授），高尾裕二名誉教授（現，摂南大学教授）には，心から感謝の意を表したい。

産業界の方々にも数多くお世話になった。株式会社カネカの社長・会長を歴任された古田武氏からは，氏の博士論文の作成を指導したという関係も手伝って，経営ノウハウに関する貴重なアドバイスを頂戴することができた。株式会社日立製作所情報・通信システム社通信ネットワーク事業部ネットワークグランドデザイン本部担当本部長の池田尚哉氏をはじめとする関係各位からも，アラクサラネットワークス株式会社設立時から，同社のビジネス展開に関する有意義な議論を通じて，現場におけるさまざまな知見を得ることができた。

あるいはまた，大阪ガス株式会社技術戦略部オープン・イノベーション室長の松本毅氏には，技術経営教育のみならずオープンイノベーションに関する学術研究に至るまで，さまざまな形で貢献いただいた。そして忘れられないのが，今は清算されたが，阪大発ベンチャー・株式会社セキュアウェアの仲間たちである。齋藤和典君，野川裕記君たちと会社を設立し，一時は資本規模も1億円程度に伸ばすことができたものの，市場創造の難しさ

を嫌というほど思い知らされた。こうした方々の現場における実践知を知りえずして，本書の上梓はなかったであろう。心から感謝申し上げたい。

　本書には，筆者が頂戴したさまざまな研究助成の成果が一部活用されている。その主なものは，次の文部科学省科学研究費助成事業によるものである。記して謝意を表する。

　　平成 16～18 年度　基盤研究 (A) 16203026（研究代表者：小林敏男）「産業プラットフォームに関する比較研究：技術・知財・提携戦略及び地域集積の観点から」

　　平成 18～20 年度　基盤研究 (A) 18203025（研究代表者：淺田孝幸）「戦略的環境経営の研究：サプライチェーン・マネジメント・アプローチ」

　　平成 19～21 年度　基盤研究 (A) 19203020（研究代表者：小林敏男）「グローバルニッチ戦略の研究」

　　平成 24～26 年度　基盤研究 (A) 24243048（研究代表者：小林敏男）「オープン・イノベーションの実証研究：製品，市場，産業，及びマネジメントの観点から」

最後に，単著に仕立てていく上でのさまざまなアドバイスのみならず，的確で緻密な編集をしてくださった有斐閣書籍編集第二部の得地道代氏に謝意を述べ，この辞を閉じたい。

　　2013 年 10 月，甲山（西宮市）を眺めつつ

　　　　　　　　　　　　　　　　　　　　　小　林　敏　男

目　次

はしがき　i

第1章　古典的戦略論
企業でどのように実践されてきたか　1

1　統合戦略 …………………………………………………… 2
　統合と子会社　2　／　統合の目的　4

2　事業戦略とそのオプション ……………………………… 6
　アンゾフの戦略スキーム　6　／　プロダクトライフサイクル（PLC）　8　／　ポーターの戦略オプション　10

3　資源配分と経営戦略 …………………………………… 11
　プロダクトポートフォリオマネジメント（PPM）　11　／　GEグリッド　12　／　RAPモデル　15

4　資源ベースの競争戦略論 ……………………………… 18

第2章　イノベーションのジレンマ
なぜ新興企業に追い越されるのか　25

1　持続的技術と破壊的技術 ……………………………… 26

持続的技術　26 ／ 破壊的技術　28

2 バリューネットワーク …………………………………… 29

3 ジレンマの諸原則 ………………………………………… 34

4 コスト構造とビジネスモデル …………………………… 37

5 失敗事例からの教訓 ……………………………………… 40

アップルとニュートン（MessagePad）　40 ／ HP とキティホーク　46 ／ コダックとデジタルカメラ　49

6 イノベーションのジレンマに陥らないために ……… 52

第3章　オープンイノベーションへの展開
境界を越えた結びつきを喚起する　57

1 オープンイノベーションとは …………………………… 58

2 ビジネスモデルの構成要素 ……………………………… 60

3 ルーセント NVG（スピンアウト型） ………………… 63

モデル企業としてのルーセント　63 ／ ルーセント事業部門の失敗　69

4 シスコシステムズ（スピンイン型） …………………… 74

インターネットインフラの雄　74 ／ スピンイン　78

5 CVC のマネジメント …………………………………… 80

パートナーシップ　80 ／ 市場の見極め　82 ／ 補完と代替　85 ／ 組織マネジメント　86

第4章 プラットフォームリーダーシップ
継続的革新のための社会的装置を作る　91

1 IBMの知財戦略　92
モジュラー型開発の帰趨　92 ／ ビジネスモデルの転換　94 ／ 技術と特許権　96 ／ IBMのプラットフォーム　98

2 インテル　102
インテルが抱えていた問題　102 ／ IAL　104 ／ エコシステム　106 ／ 4レバー枠組み　108 ／ 内部対立のマネジメント　110

3 製薬産業　112
その特徴　112 ／ 創薬ベンチャーの成長パタン　114 ／ イーライリリー・アンド・カンパニー　116

4 プラットフォームとは　121

第5章 キャズムの発見
新技術はいかにすれば普及するか　125

1 キャズムの存在　126
テクノロジーライフサイクル　126 ／ 市場特性　128

2 キャズムを越えるための準備　131
ニッチ市場を特定せよ　131 ／ アプリケーション対プラットフォーム　135

3 超越のための実践 ……………………………… 139

本当の購買者は誰か 139 ／ あえて競合を作り出す 143

4 具体的なタクティクス（戦術）……………………… 147

エレベータステートメント 147 ／ ホールプロダクトの発表 149 ／ 流通チャネルの活用 150 ／ 価格設定 153

第6章 エコロジカルニッチの薦め
突破口をどのようにして見つけるか　157

1 コモディティ化の論理 …………………………… 158

コモディティ化とは 158 ／ 安物化の罠 160 ／ 乱立の罠 163 ／ 過熱の罠 165

2 コモディティ化からの脱出 ……………………… 169

垂直的対水平的マーケティング 170 ／ エコロジカルニッチ戦略 172

3 産業生態系におけるニッチ ……………………… 182

競争パラダイムの変化 182 ／ 国の競争優位システム 183 ／ 産業クラスター 187

補論　組織間関係の経済学　193

1 取引費用の経済学 ………………………………… 194

議論の前提 194 ／ 垂直的統合のロジック 198 ／ 複合（多層）階層組織 201

2 戦略的提携の経済学 ……………………………… 203

基本スキーム 204 ／ イノベーションの仲介市場 206 ／ 戦略的提携 211

あとがき　215

索　引　223
- 事項索引　223
- 企業・商品名等索引　229
- 人名索引　232

本書のコピー，スキャン，デジタル化等の無断複製は著作権法上での例外を除き禁じられています。本書を代行業者等の第三者に依頼してスキャンやデジタル化することは，たとえ個人や家庭内での利用でも著作権法違反です。

第**1**章

古典的戦略論

企業でどのように実践されてきたか

Introduction

　はしがきにおいて記したように，本章は，これまで経営戦略論および競争戦略論において議論されてきた内容をコンパクトにまとめ，企業の成長・維持に関する戦略論を紹介する。それらは，統合戦略であり，事業戦略とそのオプション，資源配分と経営戦略，資源ベースの競争戦略である。とりわけ統合戦略（主に垂直的統合）は，経営史家のチャンドラーが，20世紀を代表する企業の成長を調査・分析し，「構造は戦略に従う」という命題を導出した際の戦略のことであり（Chandler, 1962），また経済学者のスティグラーが，アダム・スミスの「分業の程度は市場の大きさによって制限される」という命題をもとに，「垂直的統合は，歴史の新しい産業において広範に行われるだろう。産業が成長するに従って，分離（disintegration）が観察されるであろう。そして，産業が衰退段階に入るに従って，再統合が生じるであろう」（Stigler, 1968）と述べ，その重要性を指摘している。これらのことから窺い知れるように，統合戦略は，経営戦略における王道なのである。

1 統合戦略

統合と子会社

統合戦略には,「垂直的統合」(vertical integration) と「水平的統合」(horizontal integration) の2種類がある。前者が,産業としての成長が見込める時期に主に選択され,後者は,どちらかといえば産業の成熟期から衰退期に選択される戦略である。垂直的統合は,産業流列の川上から川下にかけて異なるレイヤー(階層)に位置するプレーヤー間で行われる企業統合であり,他方,水平的統合は,同じレイヤーにいる同業者間での買収・吸収(M&A)である。

産業流列の川上に位置する原料・材料メーカー,それらをもとに各種部品(中間体)を製造販売する部品メーカー,他社製部品と自社製部品を組み合わせ最終製品(エンドユーザー品)を生産するアセンブルメーカー,最終製品をエンドユーザーに届ける流通業者たちによって,産業流列は構成されている。エンドユーザーに近づくにつれ,「川下」と呼ばれ,原料に近いほど「川上」と呼ばれる。

産業流列における自社の位置取りからして,エンドユーザー方向に向けて統合することを「前方統合」(forward integration) と呼び,その逆で,自社の位置取りから川上に向けて統合することを「後方統合」(backward integration) と呼ぶ。また,被統合会社の区分としては,議決権比率,融資比率,および役員構成に応じて,「子会社」「関連会社」「関係会社」に分類され,同順で,それらに対する統合会社=親会社のコントロール力が強まる。

子会社には，その発行株式すべてを親会社に保有されている「完全子会社」と，議決権の過半数が所有されている「子会社」がある[*]。また，関連会社とは，親会社の議決権比率が過半数には及ばないものの，経営決定に重要な影響を及ぼすことが可能な子会社以外の会社で，連結決算において持分法が適用される。さらに，関係会社は，議決権比率，融資比率，役員構成，いずれにおいても，親会社との関係は薄いものの，事業上の協力関係が明らかな場合に適用される区分で，日本の「系列」会社はこれに相当する。

　いくぶん蛇足ながらも，系列について少し説明しておくと，これは学術的には「疑似垂直的統合」(quasi-vertical integration) と呼ばれる統合方式で，親会社が資本コストをほとんど払わずに，すなわち系列各社の株式をほとんど取得せずに，それらを子会社と同程度にコントロールする手法である。具体的には，一部の買上保証，品質等の認定（一般的には，「〇〇会社認定工場」といった看板が掲げられる），技術および経営指導（役員および人材派遣を含む）等のいわゆるソフト資産を供与することによって，系列会社を親会社に依存させ，コントロールしていくという方法である。

　戦後日本において，財閥解体後，戦後復興は遅々として進まず，そのため資本市場は機能不全状態が長く続き，企業には市中から直接資金を吸い上げて投資に回す直接金融のオプションは選択肢としてなかった。とはいえ，資本コストがかさむ銀行借入すなわち間接金融による企業買収という方策もないに等しく，そこで，

---

[*] 議決権比率が過半数に満たないものの 40％以上あり，融資比率が 50％を超え，また役員構成もその影響が窺える場合，関連会社ではなく，子会社として認定される。要するに，議決権比率，融資比率，役員構成の支配力の程度から，これらの分類は決定される。

資本コストがほとんどかからない系列という方法が活用されたのであった。

統合の目的

垂直的統合の経営戦略論上の目的は、大きく分けて3つある。1つには、原材料や部品、さらには販売チャネルの確保、すなわちロジスティックスの確保であり、2つには、品質管理を中心としたマネジメントコントロールであり、3つには、ファイナンスである。製品を市場に供給する際、原材料がなければ部品は作れず、部品がなければ、エンドユーザー向けの最終製品を生産することはできない。また最終製品を扱う流通チャネルがなければ、市場に製品を供給できない。このため、市場へ安定した製品供給を行えるようにするためには、ロジスティックスを確保しなければならない。

第2のマネジメントコントロールについては、原材料の品質は、完成品の品質に影響を与え、その販売およびサービスは、顧客満足に影響する。それゆえ、製品・サービスの品質管理およびそのための人材育成は、戦略上重要である。ロジスティックスの確保と統一的な品質管理を行うことができれば、産業における参入障壁を構築でき、企業の競争優位は持続可能となる。

第3の目的は、企業の時価総額の増加にある。参入障壁構築に伴う競争優位の持続可能性は、金融市場において好感を得て、株価を押し上げる効果がある。株価上昇に伴う企業の時価総額の増加は、資金調達コストを下げることになる。新株あるいは債券を発行することによって金融市場から直接資金を調達するにしても、あるいは銀行から間接的に資金調達するにしても、株価の上昇は、企業の実質調達金利を押し下げることになる。

図 1-1　（垂直的）統合戦略のイメージ

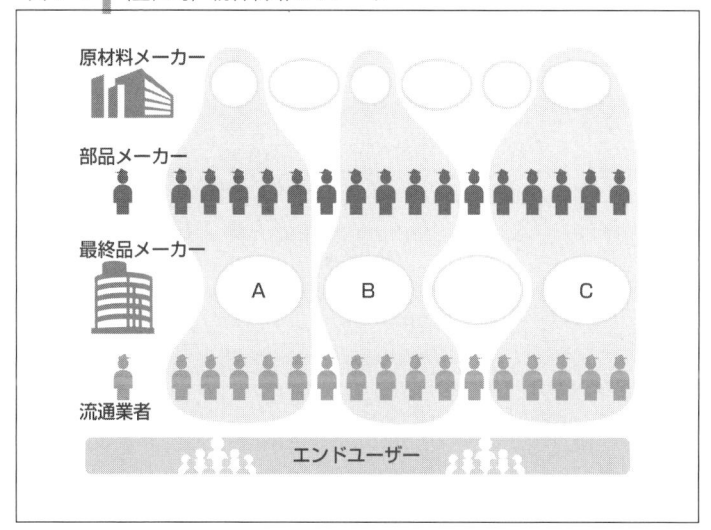

　第1および第2の目的は，要するに他社が当該産業に参入しづらい状況を創出すること（参入障壁の構築）に経営戦略論上の意義が認められるが，本書末の**補論**で紹介するように，経済学においては経済取引というものを中心に据えるために，「取引費用」(transaction cost) といった別の角度から説明が展開されている。取引費用とは，経済取引を満足して行えるようにするために，取引主体が支払わなければならない対価以上のコストを指し，この取引費用を極小化するために垂直的統合が行われる，というのが取引費用パラダイムである。

　経営戦略論上における統合戦略の意義は，いわゆる「陣地取り」をイメージすれば，理解しやすい。図 1-1 は，最終品メーカーが行う流通業者への前方統合，および部品・原材料メーカーに対する後方統合を概念的に示している。A, B, C 以外の最終品メー

カーは、部品不足から生産停止に追い込まれかねないし、仮に作ることができたとしても、それを売る流通業者を手当てするのも難しい。そうなれば、流通業者に対して価格交渉力を持てなくなり、利益率を悪化させ、結果、廃業にさえ追い込まれかねない。もちろん、流通チャネルに対する垂直的統合については、国・地域によっては、独占禁止法の対象となり、許可されないことがあるが、いずれにせよ生産面で苦しい立場に追い込まれることには変わりない。

　産業成長期における垂直的統合によって、企業間における事業としての優劣がつき始め、産業内で同業者間の水平的統合が進み、最終的には市場は寡占化することになる。アメリカ自動車産業における、かつてのビッグスリー（GM、フォード、クライスラー）などがその典型例であろう。近年、東西冷戦構造が崩壊するとともに、各国の規制緩和によって市場がグローバル化し、そのことに対応するために製薬産業などを中心に国籍を越えた水平的統合が進みつつある。このことは、規制によって閉鎖的であった市場が開放され、より大きな市場での競争力を獲得することを目指して、研究開発・流通における相互補完のみならず、規模の経済を確保するための水平的統合が選択されるという戦略的対応として、理解することが可能である。

2 事業戦略とそのオプション

アンゾフの戦略スキーム

大きな流れとしての統合戦略を実行しつつ、他方で個別の事業戦略を展開する上で、一般的に参照されてきたのが、アンゾフが

表 1-1　アンゾフの戦略枠組み

ミッション	製品（技術）	
	旧	新
旧	市場浸透	製品開発
新	市場開発	多角化

示した**表 1-1** の戦略スキームである（Ansoff, 1965, 1979）。ここで，「ミッション」とは，製品が有する使命のことを意味し，製品の利用目的，利用者，利用場面等が念頭に置かれた概念であり，他方，「製品」には，そこにおいて実現されている技術，ノウハウが内包されている。

　なお，アンゾフがいうところの「製品」について付言すれば，イノベーション速度が増した今日的経営環境においては，製品というよりも，製品に内包されている「技術」として理解したほうが，ミッションとの整合性を考えると，よりあてはまりがよい。たとえば，テレビ，自動車等々の製品には，それら特有のミッションがあり，そうしたミッションがより効果的あるいは効率的に達成されるように，新たな技術開発が行われ，製品として改良・改善が行われていく。また，新たな技術と新たなミッションをもとに新市場に展開していく場合の企業行動が一般的に「多角化」と呼ばれることからすると，アンゾフがいうところの「製品開発」は，既存製品における改良・改善型の技術向上を意味していることになる。

2　事業戦略とそのオプション

プロダクトライフサイクル（PLC）

次に、こうした戦略枠組みが、どういう状況において適用されるのかについて、示しておかなければならない。この枠組みの戦略適用を考える際に念頭に置かなければならないのは、「プロダクトライフサイクル」（product life cycle, PLC）仮説である（Kotler and Keller, 2005）。製品・サービスには代替品が登場するまでの間の寿命があるとし、「導入期」「成長期」「成熟期」「衰退期」の4区分を時間軸に、累積販売量あるいは売上高を縦軸に設定した上で、それらの相関をS字曲線で示す概念である（図1-2）。

導入期は、アンゾフの枠組みでは、「市場開発」あるいは「多角化」があてはまる。要するに、既存製品であれ新製品であれ、新たなミッションのもとで、市場を立ち上げていくという点が重要となるからだ。次に、成長期には、機能向上やメンテナンスをはじめとするサービス向上が求められることから「製品開発」が選択され、成熟期には、拡販とそれに伴うコスト削減が求められることから「市場浸透」が対応することになる。アンゾフにとっての衰退期は、新たなミッションのもとでの市場開発あるいは多角化の準備段階、という位置づけに相当する。

市場開発について少し付け加えておけば、一般的なアンゾフ理解では、国内市場から海外市場へといった流れで、国内での既存製品を海外へ進出させる状況を念頭に置いていることが多い。しかしそれのみならず、国内外に関係なく、用途（ミッション）に関する発想を転換することによって、新たな市場が見えてくることがある。一例をあげれば、自動車用に使用されていた研磨剤を、女性化粧品のクレンジング（洗顔）用原料とすることによって、これまでとはまったく違ったミッションが見出され、しかも付加価値が高くなった、という事例がある。このことは一種の発

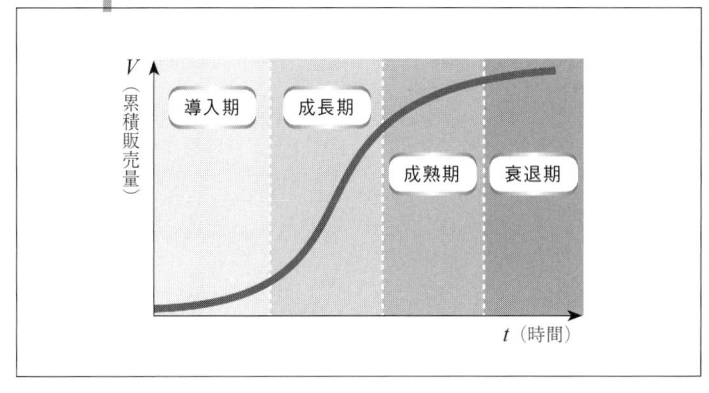

図 1-2　プロダクトライフサイクル

V（累積販売量）

導入期　成長期　成熟期　衰退期

t（時間）

想のイノベーションであって，新用途需要につながるところに面白さがある。

　いささか蛇足ながら，近年の戦略論ブームについても，このPLCをもとに説明することが可能である。近年，企業間競争は情報通信技術（ICT）の発達によって製品のコピーならびに類似品のキャッチアップ速度が上がり，またグローバルな生産体制による低コスト化からグローバルなメガコンペティション状況の様相を呈している。このことは，市場の飽和を早め，いきおい成長期のみならず，成熟期さえも短期化させ始めている。第3節のPPMの議論も参照してもらいたいが，成熟期の短期化は，各種経営指標（ROA，ROE，キャッシュフロー等）を悪化させ，このために，新規事業創造，イノベーティブなビジネスモデル，産業におけるリーダーシップ等々，戦略論に対する希求が日々増してきているのである。

2　事業戦略とそのオプション

ポーターの戦略オプション

PLCが、ポーターのいわゆる「集中」「差別化」「コストリーダーシップ」といった戦略オプションとも密接に関係していることは、戦略論の教科書等ではあまり述べられていないが、両者を対応づけて考えることによって、戦略的思考力を高めることができる。

製品の市場導入期においては、製品の利便性等を市場に訴えかけ、浸透価格を設定し損益的には苦しい状況で臨まなければならず、経営資源を「集中」しなければならない。ひとたび、製品・サービスが売れ始めると、競合他社のキャッチアップが始まるのが、成長期である。それゆえ、製品・サービスの示差性を謳う「差別化」が、戦略としての中心になる。新機能・追加サービス等々を各社が謳い、市場におけるセグメント化が進む時期である。そして、成熟期になると、市場におけるニーズは固まり始める。それぞれの価格帯での、いわゆる売れ筋が明確になり、市場は価格競争の様相を呈し始める。したがって、「コストリーダーシップ」が戦略の中心となる。衰退期では、マーケットシェアを奪えなかったいわゆる負け組は撤退し、2,3社による寡占状況が強まる。

PLCをもとに、アンゾフの戦略スキームとポーターの戦略オプションを結びつけると、次のことがいえる。すなわち、市場開発あるいは多角化からの導入期においては、集中戦略を徹底させ、成長期においては、機能およびサービス向上を謳った差別化を製品開発によって展開し、成熟期は、さらなる市場浸透を図りつつコストリーダーシップを心がける。そして、衰退期においては、次世代の市場開発および多角化の準備を行い集中局面に備える、ということになる。

3 資源配分と経営戦略

プロダクトポートフォリオマネジメント（PPM）

単品製品企業は別として，成長・多角化してきた企業は複数の製品を扱っており，それらは PLC の各期に点在している。そうした際には，どの製品（あるいはその製品を扱う事業部）にどれだけ資源配分を行っていけばよいかということが，経営上重要な意思決定となる。そのための枠組みを提供しているのが，プロダクトポートフォリオマネジメント（product portfolio management, PPM）である。

この枠組みは，製品・サービスあるいは事業を 1 つの投資対象と見なし，複数の投資対象の束，すなわちポートフォリオから利益を最大化しようとするもので，市場成長率を縦軸に，相対的マーケットシェアを横軸に，それぞれを高・低 2 区分し，製品・サービスあるいは事業部をその平面にプロットの上，経営資源配分の基礎とする分析手法である（図 1-3）。

「問題児」および「花形」が導入期あるいは成長期に位置することは，市場成長率の伸びからすれば当然のことで，ここに資金が必要であることは，容易に予想がつく。というのも，成長期は，差別化のために，技術開発，市場開発（マーケティング）へ投資を行っていかなければならないからだ。これに対して，その原資となるのが「金の成る木」の分野であるが，なぜ金が成っているのかを理解するには少し説明が要る。

金の成る木は，PLC のステージでいえば成熟期に位置し，そこにおいてマーケットシェアは優位にある。すなわち，金の成る

図 1-3　PPM 概念図

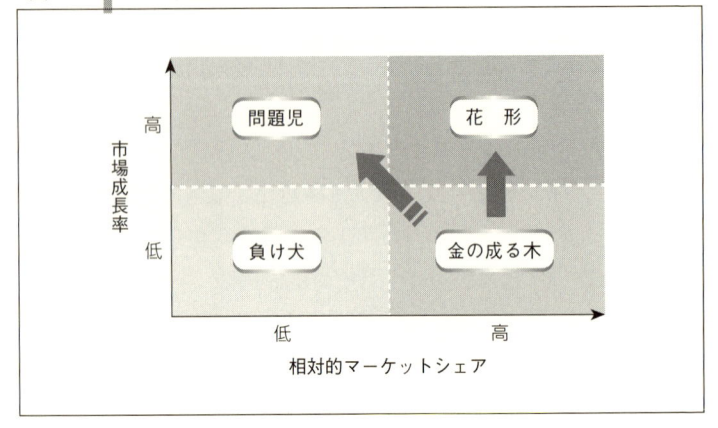

```
                  問題児              花　形
市場成長率 高
         低         負け犬           金の成る木

                   低                  高
                      相対的マーケットシェア
```

木は勝ち組に相当し，勝ち組であれば，市場におけるブランドイメージが形成されており売れ筋の定番にもなっていることから，多額の追加投資（マーケティングおよびR&D支出）を必要とせず，安定した収益を獲得できるのである。結局のところ，PPMは，「金の成る木」から「問題児」および「花形」に資金を回し，「負け犬」からはいち早く撤退することによって，次世代の金の成る木を作ろう，という分析枠組みなのである。

GE グリッド

この PPM に産業分析を取り入れ，より精緻に経営資源における強み・弱みと，投資効果を分析しようとして開発されたのが，GE グリッドである。市場成長率に代えて「産業魅力度」を縦軸に，マーケットシェアに代えて「事業強度」を横軸に取り，縦横軸とも 3 分割して，事業部への投資を考えるスキームである（塩次・高橋・小林,2009）。産業魅力度は，市場規模，市長成長率，利益マージン，競合度，循環的変動性，季節性，規模の経済，学

図 1-4　GE グリッド

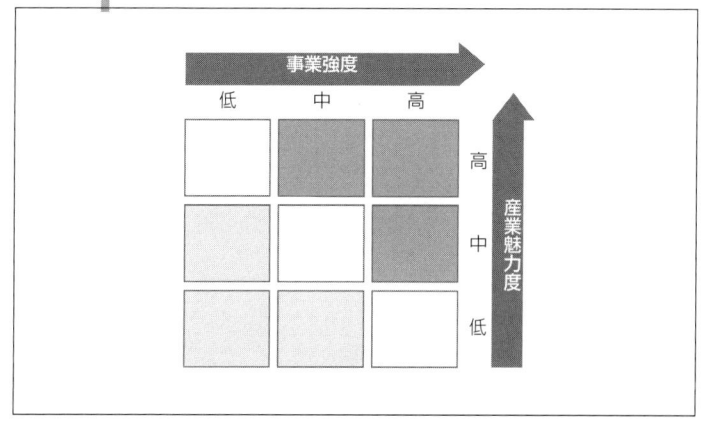

習効果等から構成され，他方，事業強度は，相対的マーケットシェア，価格競争力，製品の質，顧客・市場の知識，販売効率，地理的カバレッジ等から構成される。

GE グリッドとは，図 1-4 における濃い色の網掛けのセルに位置する事業部には積極的に投資し，白のセルは現状維持，薄い網掛けは収穫あるいは撤退するという，投資スキームである。たしかに，PPM よりも，軸の構成，セルの分割程度，いずれにおいても精緻化されている。しかしながら，こうした投資スキームそのものに問題はないのかと考えたのが，GE 社を復活させた当時の CEO・ウェルチであった。

その発想は至ってシンプルで，事業にはそれを行うための設備，技術，ノウハウ，スキルといった有形・無形の資産があり，事業部門間における資源・資産共有度を無視して，あたかも事業部は独立した投資対象であるという認識に立って意思決定をすれば，積極投資の対象事業の成長を脅かす可能性がある，ということを明らかにしている。

3 資源配分と経営戦略

図1-5　スリーサークルコンセプト

ハイテク事業
- 産業用電子
- 医療機器
- 宇宙航空エンジン

サービス事業
- 金融, 保険
- 情報
- 建設エンジニアリング
- 核技術サービス

伝統的事業
- 照明, 大型家電
- モーター・タービン
- 輸送機器
- 建設機材

　その象徴が，図1-5に示したスリーサークルコンセプトである。事業分野には，大きく「伝統的事業」「ハイテク事業」「サービス事業」という3つがある。それらは，円の重なりが概念的に示すように，有形・無形の共通資源・資産を有しており，相互依存的でもあり，相互補完的でもある。それらを無視して，GEグリッドのように単体での投資対象として考えるという発想は，愚の骨頂である。しかしながら，成長事業に貢献しているというだけで，業績が悪い事業をそのまま放置していることも，これまた問題である。

　では，どのようにすれば，いわゆる「選択と集中」を推し進めていけるのか。そのヒントは，ハメルとプラハラードが唱えた「コアコンピタンス」(core competence) という概念に隠されている (Prahalad and Hamel, 1990；Hamel and Prahalad, 1994)。コアコンピタンスとは，事業分野間に点在する要素技術をベースに，複

数の市場分野に適用可能な「コアプロダクト」を生み出していくための技術的および組織的な統合力のことをいい，コアプロダクトをもとに，各事業分野においてさまざまなアレンジを施すことにより，競争力のある新製品を市場に投入しようとする考え方である。要するに，コアプロダクトとその背後にあるコアコンピタンスを中心に経営の合理化を推し進めよということであり，その意味において，ウェルチのスリーサークルコンセプトは，経営資源あるいは資産を意識した全社的な経営戦略といえるのである。

RAP モデル

経営資源に基づく戦略策定の方法は，一般に「資源基底観」（resource based view）と呼ばれている。その代表格にあたるバウワー（Bower, 1970）によれば，意思決定レベルとそのプロセスには，それぞれ3層および3プロセスがあり，コーポレート（トップ）層，ミドル層，オペレーション（ボトム）層という各層と，内容定義，組織としての推進力，構造的脈絡といったプロセスからなる。これは「RAP モデル」（model of resource allocation process）として構成される。**表 1-2** がその中身を表したものである。

この表では，各層の意思決定プロセスにおいて最も重要な箇所に網掛けがされており，左下から右上に上がって意思決定が進んでいくプロセスがボトムアップ型，他方，右上から左下に進むプロセスがトップダウン型である。ここでは，Nonaka and Takeuchi（1995）流のミドルアップ＆ダウン型も念頭に置かれている。すなわち，ミドルが主導して，ボトム層への事業戦略提案を推進するとともに，かたやトップ層に対しては新規投資および全社的構造改革を積極的に促す，というモデルである。

3　資源配分と経営戦略

表 1-2　オリジナル RAP モデル

	内容定義	組織としての推進力	構造的脈絡
コーポレート（トップ）層	企業ミッション，財務目的・目標，全体政策。	資金と他の資源の確保。	公式組織の設計，事業および管理パフォーマンス，インセンティブならびに職場環境の測定。
ミドル層	全社と事業部との意思統一。	適合するプロジェクトとプランを推奨し，合わないものは棄却。競争的資源配分。	事業部ニーズの理解と採用。
オペレーション（ボトム）層	事業部としての役割と方針，事業戦略の提案，新規投資。	新事業，新競争力，新能力に対する提案の裏づけ。	ゲームのルールの策定。

図 1-6　修正 RAP モデル

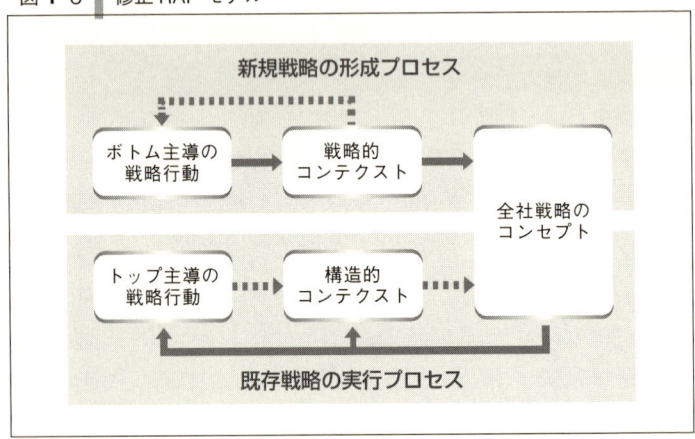

```
新規戦略の形成プロセス
ボトム主導の戦略行動 → 戦略的コンテクスト →
                                          全社戦略のコンセプト
トップ主導の戦略行動 → 構造的コンテクスト →
既存戦略の実行プロセス
```

第 1 章　古典的戦略論

そして，このミドルアップ＆ダウンを強調するだけでなく，社内ベンチャー研究で著名なスタンフォード大学のバーゲルマンらが唱える「新規事業創出プロセス」(Burgelman and Sayles, 1986, 詳しくは塩次・高橋・小林, 2009, 第5章を参照されたい) も考慮することによって，図 1-6 のような修正 RAP モデルが構成されるに至った。これは，要するに，「ボトム主導の戦略行動」は，ミドルにおける「戦略的コンテクスト」の観点から精査の上，上申されて，「全社戦略のコンセプト」が定められる。それをもとに既存の「構造的コンテクスト」を通じて戦略は実行されるが，状況によっては「トップ主導の戦略行動」を惹起し，構造的コンテクストの再構築ならびに全社戦略のコンセプトの見直しに至ることもある，というモデルである。

　このモデルの含意は，資本に基づく支配権は，たしかに経営トップにあるが，カネ以外の，技術動向や市場情報に関する情報資源はボトムにあり，また，ボトムを組織化する組織能力といった資源はミドルにあるという，経営におけるリアリティに鑑みれば，そうした現実を反映させた意思決定プロセスモデルを構築することこそが，本当の意味での資源ベースの戦略決定にほかならない，と考えられているということである。もちろん，こうした理念型が実際のところどの程度機能しているかについては各層における能力およびプロセスの手際よさに依存するところが大きいが，PPM や GE グリッドに比せば，たしかにハメルたちのコアコンピタンス経営よろしく，ウェルチが着目していた事業部門間の相互依存性の問題は解消しうるように思える。

4 資源ベースの競争戦略論

さて,以上の議論は,全社的な経営戦略および事業戦略に関するものである。これに対し,以下では,経営資源というものを念頭に置いた競争戦略について紹介する。SWOT 分析と呼ばれる手法で,産業としての共通の「チャンス」(opportunities) と「脅威」(threats) を認識した上で,自社の資源に基づいた「強み」(strengths) と「弱み」(weaknesses) を明確にし,競争戦略のシナリオを構成していくというものである。

ここで注意しておかなければならないのは,産業として共通のチャンスと脅威を,自社にとってのチャンスと脅威と混同してしまうことである。表 1-3 にあるように,チャンスおよび脅威は,「外部環境」を意味するもので,動かし難い状況として認識されなければならないが,いざ SWOT 分析を実務的に行おうとすると,そのことが抜け落ちて,自社資源との関連で考えられてしまいがちである。

戦略シナリオを構成するに際しては,表 1-3 にあるように,業界としてのチャンスには,自社の強みを活かして「積極的攻勢」が可能となるシナリオを,また,脅威に対しては,強みを活かした「差別化」か,あるいは事業規模自体を「縮小」するシナリオを,策定する。そして,業界としてのチャンスには,自社の弱みを希薄化させるか弱みを強みに変えていけるように「段階的施策」を展開し,他方,脅威が顕在化している際に弱みがある場合には,事業としての存続可能性だけを模索して「専守防衛」に徹するか,それが無理な場合には「撤退」のシナリオを構築する

表 1-3　SWOT 分析

内部資源		外部環境	
		チャンス (opportunities)	脅威 (threats)
		例：マルチメディア融合, 新端末市場等	例：コモディティ化, 価格競争, サービスの多様化等
強み (strengths)	例：ブランド, 製品開発力, 市場シェア等	積極的攻勢	差別化, 縮小
弱み (weaknesses)	例：高コスト体質, セクショナリズム等	段階的施策	専守防衛, 撤退

というのが，SWOT の一般的な利用方法である。

　次に，SWOT の利用にあたって細心の注意を払わなければならないことは，内部資源に関する強みと弱みに関する分析である。強み・弱みは相対的なものであるため，定性的なことが多く，したがって業界内において何が顕著なそれらであるとは往々にして言い難い。有り体にいえば，分析したつもりでも，「顕著な」強み・弱みになっていないのである。

　そこでこうした問題を回避するために，SWOT を利用する際には，競合の対象となる企業を念頭に置いて分析を始めることが，より実践的である。そして，自社から見た競合他社の強み・弱みを洗い出し，競合他社の専守防衛あるいは撤退のシナリオを浮かび上がらせ，競合が回避する可能性が高い市場を選択し，そこに向けて集中戦略を展開するというのが，SWOT の最も実践的な活

4　資源ベースの競争戦略論

用法である。

　すなわち，まず，仮想競合企業を想定する。次に，その企業の弱点を炙り出し，外部環境における脅威との関係から，その企業が専守防衛・撤退する市場領域を特定する。そして，その領域に対し自社の経営資源を集中する，という戦略シナリオを構成するのである。その際に重要なことは，①競合他社の強み・弱みは，自社の弱み・強みの裏返しだということ，および②他社が防衛あるいは撤退を念頭に置いている市場においては競合のコストはほとんど発生しないということである。「戦わずして勝つ」，これが最も優れた戦略にほかならない。

　一例をあげて説明してみよう（**表 1-3** に示されている「例」は，以下を念頭に置いている）。デル・コンピュータが市場において顧客を獲得し始めたころ，コンピュータ業界における雄は IBM であった。IBM 製品は，ブランド品で市場においてもあまり値崩れせず，顧客には世界的な大企業がいた。販売およびメンテナンスサービスのための流通系列もしっかりと構築されており，デルが付け入る隙などないかにも見えた。しかしながら，コンピュータという製品自体はコモディティ（日常品）化し始め，価格競争が顕著な状況になり始めていた。高コスト体質であった IBM は，低価格の製品を少量しか購入しない中小企業を顧客とするよりも，大企業向けの高付加価値で高価な製品を開発するシナリオを展開していくことになる。

　IT 化という業界全体としてのチャンスに，IBM は，自社の強みであるブランド，製品開発力，流通系列によって大企業への販売促進を手がけ（**表 1-3** の左上，「積極的攻勢」エリア），他方，価格競争という脅威に対して，自社の高コスト体質という弱みを目立たないようにするために，中小企業や一般消費者への販売

については熱心に行わなかった（**表1-3**の右下,「専守防衛,撤退」エリア）。要するに,IBMは,対大企業向け販売を積極的に行い,中小企業・個人向け販売には,経営資源をほとんど割かなかったのである。そこに目を付けたのが,デルである。

デルは,インターネット直販という戦略を選択した。流通系列がないため,流通コストを顧客に転嫁する必要がなく,標準化が進んだ部品のバリエーションを増やし,それらの組合せによって,顧客ごとのカスタマイズを可能とした。何十年もかけて確固とした大企業向け流通系列を構築してきたIBMにとっては,選択したくとも選択できない戦略であった。なぜなら,IBMのこれまで蓄積してきた,技術力,流通力,ブランド力,といった資産が,逆に負の遺産になってしまうからだ。

要するに,競合相手を明確にした上で,相手の弱点を突く。そうすることによって競合のリスクとコストを極小化できる,というのが,SWOT分析の活用方法である。デルに限らず,日本では,アスクルという企業が同様の戦略スキームで,文具・事務機器市場における雄,コクヨのシェアを減退させた事例がある。SWOT分析の感覚を養うために,創業当時のアスクルの戦略シナリオをコクヨとの対比で,導き出してみよう。要点は,アスクルそのもののSWOT分析を行うことではなく,仮想競合コクヨのSWOT分析をまず行うことである（解答例は本章末に掲載）。

参考文献

Ansoff, H. I.（1965）, *Corporate Strategy: An Analytic Approach to Business Policy for Growth and Expansion*, New York: McGraw-Hill.（アンゾフ, H. I. 著／広田寿亮訳『企業戦略論』産業能率短期大学出版部, 1969年）

Ansoff, H. I. (1979), *Strategic Management*, New York: Palgrave Macmillan.（アンゾフ，H. I. 著／中村元一訳『戦略経営論』産業能率大学出版部，1980 年）

Bower, J. L. (1970), *Managing the Resource Allocation Process: A Study of Corporate Planning and Investment*, Boston: Division of Research, Graduate School of Business Administration, Harvard University.

Burgelman, R. A., and Sayles, L. R. (1986), *Inside Corporate Innovation: Strategy, Structure, and Managerial Skills*, New York: The Free Press.（バーゲルマン，R. A. ＝ セイルズ，L. R. 著／小林肇監訳／海老沢栄一・小山和伸訳『企業内イノベーション――社内ベンチャー成功への戦略組織化と管理技法』ソーテック社，1987 年）

Chandler, A. D., Jr. (1962), *Strategy and Structure: Chapters in the History of the Industrial Enterprise*, Boston: M. I. T. Press.（チャンドラー，A. D., Jr. 著／三菱経済研究所訳『経営戦略と組織――米国企業の事業部制成立史』実業之日本社，1967 年；チャンドラー，A. D., Jr. 著／有賀裕子訳『組織は戦略に従う』ダイヤモンド社，2004 年）

Hamel, G., and Prahalad, C. K. (1994), *Competing for the Future*, Boston: Harvard Business School Press.（ハメル，G. ＝ プラハラード，C. K. 著／一條和生訳『コア・コンピタンス経営――未来への競争戦略』日本経済新聞社，1995 年；2001 年〔日経ビジネス人文庫〕）

Kotler, P., and Keller, K. L. (2005), *Marketing Management, 12th ed.*, New York: Pearson Prentice Hall.（コトラー，P. ＝ ケラー，K. L. 著／恩藏直人監修／月谷真紀翻訳『コトラー＆ケラーのマーケティング・マネジメント第 12 版』ピアソン・エデュケーション，2008 年）

Nonaka, I., and Takeuchi, H. (1995), *The Knowledge-Creating Company: How Japanese Companies Create the Dynamics of Innovation*, New York: Oxford University Press.（野中郁次郎・竹内弘高著／梅本勝博訳『知識創造企業』東洋経済新報社，1996 年）

Prahalad C. K., and G. Hamel (1990), "The core competence of the corporation," *Harvard Business Review*, vol. 68, no. 3, pp. 79-91.

塩次喜代明・高橋伸夫・小林敏男 (2009)，『経営管理 新版』有斐閣。

Stigler, G. J. (1968), *The Organization of Industry*, Homewood: R. D. Irwin.（スティグラー，G. J. 著／神谷傳造・余語将尊訳『産業組織論』東洋経済新報社，1975 年）

解答例 アスクルの戦略 (21頁参照)

　アスクルという事業は，正式には，プラス株式会社アスクル事業部によって1993年に開始されたものだが，その戦略展開はそれ以前に遡る。1990年はインターネット元年と呼ばれるが，当時の日本では，バブル的な好景気の影響で，企業の各事業所においては，いわゆるOA（オフィスオートメーション）化が推し進められていた。他方，文具・デスク等の事務用品・機器の分野では，インフラコストの安い中国等の地域へ生産移転が進みつつあり，とりわけ消耗品の価格競争が顕著になり始めていた。要するに，文具・事務機器産業においては，OA化が「チャンス」であったものの，消耗品の価格競争は「脅威」であった。

　こうした状況において，業界最大手・コクヨのとった戦略は，自社の「強み」であるブランド力，製品開発・供給力等を活かして，付加価値の高いOA関連機器（事務所のレイアウト提案をもとにしたシステムデスクやOA機器そのもの等）を大企業向けに販売し（「積極的攻勢」），他方，鉛筆，ボールペン，ノート等々の消耗品については，ロット販売（いわゆるまとめ売り）しか行わず，小口需要が中心の中小企業ニーズは無視する（「専守防衛，撤退」）というものであった。

　この中小企業ニーズに目を付けたのが，当時のアスクルである。コクヨに比べ，組織も小さいため，多品種少量販売でも何とかコスト的には見合うようにすることができる（強みとしての「低コスト体質」）。また，コクヨのように，文具・事務機器ならすべてを揃えるというフルラインナップ戦略も採っていない（「採れない」といったほうが正確であろう）ため，他社製品を扱うことも可能であった（強みとしての「組織の機動性」）。さらに，小売店の系列化についても進めたくてもあまり進められていなかったので，小売業への進出も，既存の小売店からさほど強い抵抗には遭わず，むしろアスクルの代理（配送）店として活用することが可能であった。

　小口であっても塵も積もれば山となる。たとえ鉛筆1本であっても注文すれば「明日来る」という中小企業のニーズを徹底的に叶えることによって，中小企業における顧客基盤を固め，今では得意先に大企業もその名を連ねているのが，アスクルなのである。

第2章

イノベーションの
ジレンマ

なぜ新興企業に追い越されるのか

Introduction

　メインストリーム市場での成功を収めた優良企業が，既存顧客の要望に忠実に応えるために，先端技術を積極的かつ挑戦的に取り入れ，性能向上を目指した製品開発を行っているにもかかわらず，とるに足らないニッチセグメントの新興企業にその座を奪われてしまう状況を，「イノベーションのジレンマ」(innovator's dilemma) として説得的に説明してみせたのが，クリステンセンである (Christensen, 1997)。彼の発想の原点は，ノーベル生理学・医学賞受賞者を多数輩出した，コロンビア大トーマス・H. モーガン研究室，通称「蠅の部屋」にあるといってもよい。染色体・遺伝子研究の総本山・蠅の部屋では，ライフサイクルの短さゆえにショウジョウバエに着目し，突然変異のショウジョウバエを多数集め，それらの間での交配実験から染色体ならびに遺伝子の構造分析等，数多くの研究成果を上げてきた。要するに，蠅の寿命の短さゆえに，何世代にもわたって，環境変化と遺伝子変異との関係を構造的に明らかにすることが可能となったわけである。

　こうした発想を受け継いで（正確には友人からのアドバイスによるものだが），クリステンセンは，プロダクトライフサイクルの短さからハードディスクドライブ産業に注目し，そこにおける技術変化と市場遷移を分析した。その際に，「持続的技術」と「破壊的技術」という概念を仕立てたのである。

1 持続的技術と破壊的技術

「持続的技術」(sustaining technologies) と「破壊的技術」(disruptive technologies) という2つの概念は、ハードディスクドライブ (HDD) 産業を周到に観察・分析したクリステンセンならではの工夫が施された概念である。ここでは、イノベーション論にそれまでしばしば登場してきた「漸進的」(incremental) あるいは「抜本的」(radical) という次元軸を超えて、持続的あるいは破壊的という概念が用いられているのである。

持続的技術

表2-1 に示されているように、イノベーション論における漸進的あるいは抜本的という概念上の区分は、クリステンセンの議論においてはすべて持続的技術に吸収される。技術変化の程度に関する軸（漸進的なのか、抜本的なのか）として組み込まれ、さらにそれがどの領域で生じているのかという領域軸（部品レベルなのか、製品設計〔アーキテクチャ〕レベルなのか）が加わって、持続的技術という概念が構成される。

通常、技術変化は部品領域においてまず生じる。既存技術をもとにして、資材管理、工程とその段取り、および検査等が漸進的に改良・改善されることによって、部品性能が向上していく。しかし、図2-1 にあるように、ある技術の漸進的な改良は、性能を縦軸に、横軸を時間・技術努力軸として捉えた場合、S字カーブを描く。技術導入された当初の性能向上の速度は比較的遅い。しかし、いったん当該技術が理解されるようになると、性能向上

表 2-1　持続的技術の類型

技術変化	領域	
	部品	製品アーキテクチャ
漸進的	改良・改善型性能向上	アーキテクチャ改良
抜本的	新技術導入型性能向上	アーキテクチャ革新

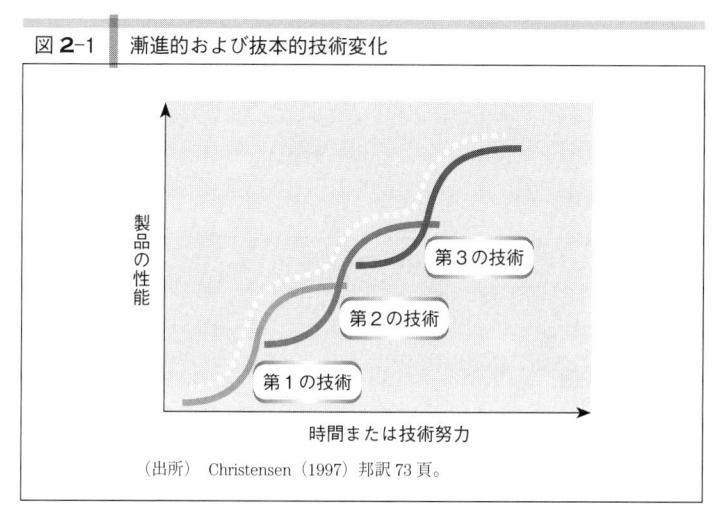

図 2-1　漸進的および抜本的技術変化

(出所) Christensen (1997) 邦訳 73 頁。

の速度は加速する。そして，成熟期に入ると，徐々に物理的な限界に近づき，性能向上の速度は減速する。それに取って代わるのが，「抜本的な」(radical) 技術である。図に沿って記述すれば，第2 (第3) の技術が第1 (第2) の技術にとっての抜本的な技術変化，ということになる。

1　持続的技術と破壊的技術

特定部品の性能向上が著しくなり，他の部品との機能連携の見直しが求められるようになると，製品全体の設計（アーキテクチャ）変更という形で，製品アーキテクチャ領域にも影響が及ぶ。それが，漸進的なレベルにとどまるのか，あるいは抜本的な見直しが必要となるのかは，構成部品の性能向上のラディカルさに依存しているといっても過言ではない。

破壊的技術

　これに対して，破壊的技術は，既存市場では求められていなかった新たな価値指標を生み出し，新市場を誕生させる技術のことである。既存のメインストリーム市場で，持続的技術を主導しているのは，優良企業である。既存顧客のニーズを忠実に汲み取り，性能向上のためであれば，リスクがある新技術の導入も，コストがかかるアーキテクチャ革新も積極的に行っている優良企業が，破壊的技術によって，やがては撃沈されてしまう。

　事実，HDD産業においては，優良企業が率先して，フェライトヘッド，薄膜ヘッド，MR（磁気）ヘッド等の抜本的な新技術を導入し，既存技術の限界を凌駕してきたのであり，いわゆる官僚制の逆機能のような大企業病を病んでいたわけではなかった。にもかかわらず，そうした優良企業が念頭に置いていない新興市場の製品に，自らの市場を侵食され衰退してしまうというところに，現場の経営者ならびに製品開発者を震撼させるメッセージがイノベーションのジレンマの中には含まれている。

　クリステンセンによれば，破壊的技術の特徴は，メインストリーム市場のリーダー企業が念頭に置いていない，ニッチの新市場において商品化されること，それらの機能価値は，メインストリーム市場からすれば抜本的に新しいものであるものの，製品に

用いられている部品技術はむしろ標準的あるいは旧世代的なものが多く，メインストリーム市場で採用されている性能対価格比（コストパーフォーマンス）からは明らかに劣るが購入価格面は安価で，なにがしかの際立った特長（たとえば，小型化）を備えている，という点にある。メインストリームの優良企業からすれば，技術的優位性がないばかりかコストパーフォーマンスも悪く，要するに「安かろう，悪かろう」の製品に過ぎないのである。

しかしながら，ひとたび小さいながらも新市場を生み出し，そこに独自の破壊的製品が投入されるようになると，その市場の規模拡大に応じて，当該製品は，今度は持続的技術によって性能を向上させ，次第にメインストリーム市場の下位セグメントでの性能要件を満たし始める。やがてはメインストリーム市場そのものの要件を満たすようになり，そうなると，新旧両市場における規模の経済格差から，破壊的製品の価格優位は揺るぎのないものとなり，既存優良企業の製品を駆逐することになるのである。

2 バリューネットワーク

ここで1つ質問を提示したい。なぜ，メインストリーム市場での優良企業が，破壊的技術を開発し市場投入し（え）ないのか。抜本的な技術導入を行えるほどの経営資源を有するリーダー企業であれば，製品としての機能価値が異なるだけで標準的な部品技術で構成されている破壊的技術から，製品開発することは容易なはずである。研究開発スケジュール，予算制約によるものなのか。あるいは，優良企業の技術者のプライドによるものなのか。

クリステンセンの答えは異なっている。彼は，そのために「バ

リューネットワーク」(value network) という概念を用意する。バリューネットワークとは、製品・サービスが顧客に提供する価値（バリュー）を1つのシステムとして捉え、それを構成するコンポーネントの垂直的および水平的な関係、すなわちネットワークのことを指す。用語的には、ポーターの「バリューチェーン」(value chain, Porter, 1980) と似ているが、後者が垂直的な産業流列（原材料から流通まで）および企業内の機能部門間の直線的な連鎖を想定しているのに対して、前者は、ネットワークと称していることからも明らかなように、コンポーネントにおける網状の相対（あいたい）関係を示し、その中に組み込まれた場合の脱出の困難さを物語っている。

　余談ながら、バリューチェーンは、ポーターが食物連鎖（フードチェーン）のアナロジーから構築した用語で、それこそ、植物プランクトンを食べて動物プランクトンが繁殖し、それをイワシが食糧とし、そのイワシをイカが食べて、またそれをアシカが主食とし、そしてシャチが、といった捕食・被食連鎖があるように、製品が顧客の手に渡るまでの間には、原料から材料が生まれ、それをもとに部品（中間体）が作られ、それらが組み上げられて最終製品が生産され、流通業者を経由する、という直線的な付加価値連鎖が産業流列を構成するのみならず、企業内においても、研究開発、資材調達、製造、販売、メンテナンス、といった機能価値連鎖が確認される。付加価値としての程度（産業流列におけるポジショニング）と、企業内における各機能のコスト構造から、企業としての競争優位を確立する上での指標が、バリューチェーンという概念である。

　さて、再びバリューネットワークに戻るが、具体的には図2-2を見ればわかる通り、HDDとしては同じであっても、それが利

図 **2**-2　3種類のバリューネットワーク例

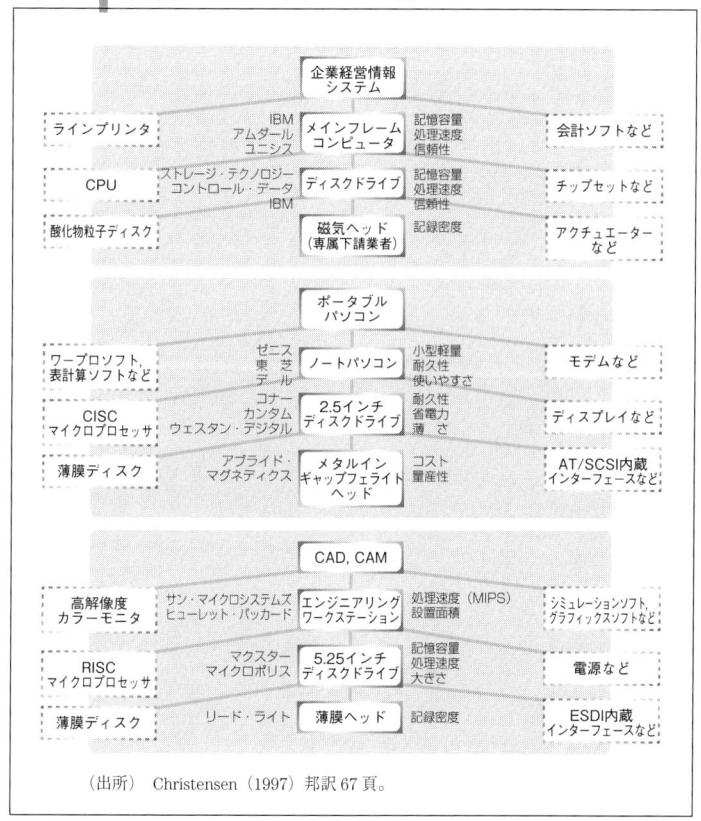

```
                          ┌──────────────┐
                          │ 企業経営情報 │
                          │  システム    │
                          └──────────────┘
                                IBM        ┌──────────────┐
 ┌──────────────┐           アムダール    │メインフレーム│ 記憶容量       ┌──────────────┐
 │ラインプリンタ│             ユニシス    │コンピュータ  │ 処理速度       │会計ソフトなど│
 └──────────────┘                          └──────────────┘ 信頼性         └──────────────┘

                       ストレージ・テクノロジー┌──────────────┐記憶容量
 ┌──────────────┐      コントロール・データ  │ディスクドライブ│処理速度       ┌──────────────┐
 │     CPU      │             IBM            └──────────────┘ 信頼性         │チップセットなど│
 └──────────────┘                                                             └──────────────┘

 ┌──────────────┐                           ┌──────────────┐
 │酸化物粒子ディスク│                        │  磁気ヘッド  │ 記録密度      │アクチュエーター│
 └──────────────┘                           │(専属下請業者)│                │     など      │
                                             └──────────────┘

                                   ┌──────────────┐
                                   │  ポータブル  │
                                   │   パソコン   │
                                   └──────────────┘
                              ゼニス   ┌──────────────┐ 小型軽量
 ┌──────────────┐            東 芝    │ノートパソコン│ 耐久性         ┌──────────────┐
 │ワープロソフト、│             デル    └──────────────┘ 使いやすさ      │  モデムなど  │
 │表計算ソフトなど│                                                    └──────────────┘
 └──────────────┘

                            コナー      ┌──────────────┐ 耐久性
 ┌──────────────┐         カンタム     │ 2.5インチ    │ 省電力         ┌──────────────┐
 │    CISC      │     ウェスタン・デジタル│ディスクドライブ│ 薄 さ        │ディスプレイなど│
 │マイクロプロセッサ│                    └──────────────┘               └──────────────┘
 └──────────────┘

                         アプライド・    ┌──────────────┐
 ┌──────────────┐      マグネティクス   │ メタルイン   │ コスト        │AT/SCSI内蔵     │
 │ 薄膜ディスク │                       │ギャップフェライト│ 量産性       │インターフェースなど│
 └──────────────┘                       │    ヘッド    │
                                         └──────────────┘

                                   ┌──────────────┐
                                   │   CAD, CAM   │
                                   └──────────────┘
                      サン・マイクロシステムズ┌──────────────┐
 ┌──────────────┐    ヒューレット・パッカード│エンジニアリング│処理速度(MIPS) │シミュレーションソフト、│
 │  高解像度    │                            │ワークステーション│設置面積      │グラフィックスソフトなど│
 │ カラーモニタ │                            └──────────────┘
 └──────────────┘

                          マクスター   ┌──────────────┐ 記憶容量
 ┌──────────────┐      マイクロポリス │ 5.25インチ   │ 処理速度       ┌──────────────┐
 │    RISC      │                      │ディスクドライブ│ 大きさ        │  電源など    │
 │マイクロプロセッサ│                  └──────────────┘                └──────────────┘
 └──────────────┘

 ┌──────────────┐     リード・ライト  ┌──────────────┐                │ESDI内蔵       │
 │ 薄膜ディスク │                      │  薄膜ヘッド  │ 記録密度      │インターフェースなど│
 └──────────────┘                      └──────────────┘
```

（出所）Christensen（1997）邦訳67頁。

用される製品システムごとにまったく異なる技術要素が要求されているのである。1990年ごろのデータのために記されている技術が少々古いが，企業のMIS（経営情報システム）であれば，メインフレームコンピュータ用のディスクドライブで，要求されるのは記憶容量，処理速度，信頼性，および記憶密度ということになる。これに対して，ポータブルということからノートパソコ

ンを念頭に置けば，HDDは2.5インチディスクドライブになり，耐久性，省電力，薄さ，コスト・量産性が要求され，CAD/CAM用のワークステーションであれば，5.25ディスクドライブとなり，それはメインフレームコンピュータ用HDDと重なる要素も多いものの，大きさそしてコストといった価値基準（後述）が求められることになる。

このバリューネットワークという製品システムに，ひとたび優良企業として組み込まれると，製品システムが存在する限り自社製品を提供し続けなければならない，というのがクリステンセンの答えである。これは，研究開発スケジュールあるいは予算制約，さらには技術者のプライドといったことによるものではない。事実，破壊的技術を商品化するのは新興企業であったとしても，ことプロトタイプ開発については，既存優良企業の技術者が会社の経営資源をひそかに使って先行していたケースが多い。1985年，5.25インチドライブの最大手だったシーゲートの技術者は，業界で2番目に3.5インチモデルのプロトタイプを開発していた。14インチドライブの主要メーカーであるコントロール・データとメモレックスの技術者たちも，8インチドライブ市場が登場する2年以上前に，そのプロトタイプを完成させていたのである。

こうした既存優良企業において，技術者は，破壊的技術のプロトタイプをマーケティング担当者に持ち込む。彼（女）たちは，主要顧客にプロトタイプの製品化の可能性を聞き出すものの，主要顧客はそうした製品を求めていない。結果，マーケティング担当は，悲観的な市場予想を財務に報告し，財務は経営陣に市場化の困難さを報告する。そして，破壊的技術に基づくプロトタイプは日の目を見ないことになる。要するに，既存のバリューネットワークが，既存優良企業に破壊的技術をもとにした製品投入を行

わせず，既存顧客の要望に基づく性能改良が部品および製品アーキテクチャにおいて持続的に行われることになるのである。

破壊的技術の開発者たちは不満を募らせる。やがて彼（女）たちは会社を去り，破壊的技術の商品化を目指すベンチャー企業を立ち上げる，あるいはそこに合流するようになる。3.5インチドライブの大手，コナーペリファラルズを設立したのは，5.25インチドライブの2大メーカー，シーゲートとミニスクライブの元技術者である。また，8インチドライブのマイクロポリス，シュガート，カンタムの創業者は，14インチドライブメーカーの出身者であり，とりわけ後2社の創業者はメモレックスからのスピンオフである。

そして前述のように，破壊的製品は，その持続的技術改良によって，これまでのメインストリーム市場での性能要件を次第に満たすようになり，価格面での優位を揺るぎないものにする。そのとき，それまでの優良企業は，フォロワーと化し市場トレンドに追いつこうとするが，時すでに遅し，という状況を迎えているのである。

バリューネットワークのゆえに，破壊的技術は以下のステップをたどることになると，クリステンセンは結論づける。

ステップ1　破壊的技術は，まず既存（優良）企業で開発される。
ステップ2　マーケティング担当者が主要顧客に意見を求める。
ステップ3　実績のある企業が持続的技術の開発速度を上げる。
ステップ4　新興企業が設立され，試行錯誤の末，破壊的技術の市場が形成される。
ステップ5　新規参入企業が上位市場へ移行する。
ステップ6　実績ある企業が顧客基盤を守るために遅まきながら時流に乗る。

3 ジレンマの諸原則

　バリューネットワークに組み込まれてしまったために優良企業が破壊的技術に賭けられない状況を，クリステンセンは「破壊的イノベーションの原則」(the principles of disruptive innovation) として，5点を掲げている。バリューネットワークと企業との関係を組織論的に分析した示唆に富む内容なので，ほぼ原文を翻訳・引用することになるが，以下に紹介する (Christensen, 1997, 邦訳 301-302 頁をもとに一部筆者修正)。

　原則1　企業は顧客と投資家に資源を依存している

　企業が生き残るためには，顧客あるいは投資家が求める製品，サービス，収益を提供しなければならない。このため，優良企業には，顧客が求めないアイデアが切り捨てられるシステムが整備されている。その結果，このような企業にとって，顧客が求めず収益率が低い破壊的技術に十分な投資をすることは，きわめて難しい。顧客がそれを求めるようになるころには，すでに手遅れである。

　原則2　小規模な市場では大企業の成長ニーズを解決できない

　成功している企業は，株価を維持し，従業員に機会を与えるために，成長し続ける必要がある。成長率を高める必要はないが，維持しなければならない。さらに会社の規模が大きくなると，同じ成長率を維持するには，新たな収益源を増やす必要がある。そのため，将来は大規模な市場になるはずの小さな新興市場に参入することが次第に難しくなってくる。成長率を維持するには，大規模な市場に的を絞らなければならない。

原則3　存在しない市場は分析できない

確実な市場調査と綿密な計画に基づき計画通りに実行することが，優れた経営の特徴である。しかし，投資プロセスで，市場規模や収益率を数量化してからでなければ市場に参入することができない企業は，破壊的技術に直面したとき，まだ存在しない市場に関するデータが必要となるために，手も足も出せなくなる。

原則4　組織能力は無能力の決定的要因になる

組織能力は，その中で働く人材の能力とは無関係である。組織能力は，労働力，エネルギー，原材料，情報，技術といった入力を価値の向上という出力に変えるプロセスと組織の経営者や従業員が優先事項を決定するときの価値基準によって決まる。人材などの資源と異なり，プロセスや価値基準には柔軟性はない。組織能力を生み出すプロセスや価値基準も，状況が変わると組織の無能力の決定要因になる。

原則5　技術の供給は市場の需要に等しいとは限らない

破壊的技術は，当初は小規模な市場でしか扱われないが，いずれメインストリーム市場で競争力を持つようになる。これは，技術進歩のペースが，時として主流顧客が求める，または吸収できる性能向上のペースを上回るためである。その結果，現在主流の製品がメインストリーム市場で要求される性能を超える可能性，あるいは当該市場の顧客が期待する性能には現時点では及ばない破壊的技術が明日には性能面で競争力を持つ可能性がある。2つ以上の製品が十分な性能基準を満たせば，顧客は他の基準に従って製品を選ぶようになる。これらの基準は，信頼性，利便性，価格の順で変化することが多く，いずれの基準についても，新しい技術のほうが有利になっていることが多い。

上記の5原則は，ファイナンス，マーケティング，技術，という側面から近代経営の難しさを物語っている。**原則1**は，企業のストック（資産）とフロー（収入）に最も影響を及ぼす利害関係者の意向を無視した意思決定を経営者は行えないことを示唆している。資源依存論に基づく経営決定，ということである。

　原則2では，ファイナンス面での評価が，マーケティングおよび技術開発について制約になっていることを示している。すなわち，投資家の観点からすれば，ROE（株主資本収益率）およびROA（総資産収益率）は，経営者が事業組織評価に用いるROI（投資収益率）よりも重要である。資本（出資ベース）あるいは資産からどの程度の利益が出ているのかによって，株価が形成されるからである。資産および資本規模が大きくなってくると，小市場からの収益だけでは，収益率を維持するのは難しくなり，成長期待が高く，規模が大きいと予想される市場への進出が求められることになる。要するに，恐竜は小さな溜池では，喉の渇きを満たせないのである。

　原則3および**原則4**は，テクニカルなマネジメントシステムに対する批判である。テクニカルであるがゆえに，データ中心主義にならざるをえない。それゆえ，未知の市場に関するデータがないと，顧客等の関係者へのヒアリングによって代替することになるが，自信を持てず責任を取れないことから弱気な分析にならざるをえないというのが，**原則3**である。

　原則4は，マネジメントシステムそのものの合理的慣性によるものだけに，なおさらのこと扱いづらくなる。すなわち，ガルブレイスがいうように，企業は組織における不確実性を除去するために，「戦略的プロセス」と「機械的プロセス」の2つを用意する（Galbraith, 1977）。前者は，環境適応のために，「スラック資

源」を生み出すようにし,「自己充足的な組織編成」を行い,「水平的な連携」と「垂直的な情報化投資」を行う。

　他方,後者は,ルールと手続きによる業務の定型化を目指し,異常時におけるハイアラーキーによる解決を内包させ,目標設定によってシステム化の度合いを高めていく。企業が成長するに従い,戦略的プロセスの領域も定型化され,機械的プロセスが多くを占めるようになる。より正確にいえば,戦略的プロセス自体がシステム化(機械化)されていくのである。このようなマネジメントシステムは,環境依存的である。環境が変化すると,新たな環境では使いものにならない。

　原則5は,技術者が陥りやすい罠についての言及である。要するに,技術開発がややもすれば,信頼性と安定性を求めていく結果,市場が求めている以上の性能に到達し,いわゆるオーバースペック状態に陥ってしまうのである。そうすると,下位セグメントの性能はやがて上位セグメントを侵食し始める。そうなったときの主流は,下位セグメントでの評価基準に基づくものであり,これまでの主流市場は姿を消すことになる。このことは,コモディティ化による「ハイパー競争」(過酷な価格競争)へとつながっていく(詳しくは,第6章参照)。

4　コスト構造とビジネスモデル

　ホンダの原動機付き自転車を足がかりとした北米バイク・自動車市場での成功,ソニーのトランジスタラジオを契機としたラジオ・テレビ市場での躍進,PC市場でのデルの隆盛,あるいはあまり知られていないが,日本の機械工具流通業界でのトラスコ中

山の急成長等々,破壊的製品によってメインストリーム市場が侵食され変化を余儀なくされた事例には事欠かない。そうした事例に共通していえることは,とるに足りないニッチ市場の破壊的製品が,性能面の向上とコスト構造上の優位性を武器に,メインストリーム市場での既存優良企業製品を追い込むことである。以下は,イノベーションのジレンマの原則に関するコスト構造とそれに伴うビジネスモデルからの例証である。

ホンダが北米進出に向けて当初ターゲットとしていたのは,バイクのメインストリームである大型バイク市場であった。ハーレーダビッドソンやBMWが君臨していた市場である。そこに低コストながらも高性能なバイクを導入すべく,日夜努力するものの,無名のホンダバイクは市場（ディーラー）から相手にもされなかった。また,ようやく取り扱ってくれたディーラーで販売された数百台のバイクも,長距離・高速走行には耐久面で問題があり,エンジンはオイル漏れを起こし,クラッチはすぐ摩耗してしまい,要するに使いものにならなかったのである。

こうして北米進出を諦めかけていたころに光明が差し始めたのは,ほかでもないホンダ創業時からのスーパーカブ,いわゆる原付きからであった。北米事業担当者たちが乗り回していたスーパーカブが,オフロード（ダートツーリング）で人気となり,リクリエーション用途でのオフロードバイクという「未知」の市場が開けたのである。ディーラー確保に苦労するものの,スポーツ用品店をディーラーとして扱うことによって,事業基盤を固めた。スポーツ用品として販売する以上,バイクといえども原動機付きの「自転車」に過ぎず,販売価格はおのずと抑えられる。そのため,薄利多売が要求され,それに見合ったコスト構造を身につけなければ,事業としての存続はなかった。

デルにしても，今でこそ大企業向けサーバを扱うグローバルな巨大企業であるが，もともとはPCの修理屋あるいはスペック改良の部品屋であり，そこで培った直販システムがPC市場を大きく変えたのである。ソニーのトランジスタラジオのディーラーも家電販売店ではなく楽器店であったし，トラスコ中山も最初に扱った商品は機械工具ではどの商社も扱わなかったいわゆる「雑具」であった。

　このようにして，ひとたび違う商流，すなわちバリューネットワークのもとで薄利多売のビジネスモデルとコスト構造を身につけると，その上位にあるメインストリーム市場が粗利益率も高い有望な市場に見えてくる。したがって，破壊的市場における持続的イノベーションにより性能向上が図られると，後発者ゆえのブランド劣位はあったとしても，それは製品における新規性と低価格によって回収できると考え，破壊的企業は上位市場に進出するようになる。

　これに対して，メインストリーム市場の既存優良企業は，異なるバリューネットワークにおいて異なるコスト構造下で別のビジネスモデルを展開している。投資家，顧客，従業員，技術，ブランド等といった資源に依存し，企業成長のためのプロセスと価値基準を精緻化していっている。クリステンセンによれば，プロセスとは「従業員が，人材，設備，技術，商品デザイン，ブランド力，情報，エネルギー，資金などの資源インプットを，価値の高い商品，サービスに変換するときの相互作用，協調，コミュニケーション，意思決定のパターン」（Christensen, 1997, 邦訳221頁を参照）のことであり，「正式な」（formal）プロセスもあれば，「非公式な」（informal）それもあるという。また，価値基準とは，仕事あるいは事業の優先順位の決め方であり，そこには，社会的責

任・貢献といった倫理的要素も含まれている。

　資源―プロセス―価値基準の関係を企業成長と絡めて理解すれば，企業の誕生期においては，その資源に依存したプロセスが選択される。成長期において，プロセスが発展し，独自の価値基準を生み出す。そして成熟期に入ると，その価値基準からプロセスの精緻化が図られる。このような時期，企業は「文化」(culture)を有するといわれるようになる。文化がそう簡単に変えられるものではないことは，誰でも容易に理解できるであろう。

　粗利益率 40〜50％で始まった事業にどっぷり浸かった企業が，粗利益率 10％そこそこの市場に製品投入できるわけがない。文化がそれをさせないのである。では，イノベーションのジレンマに陥らないために，既存優良企業はどうすべきか。その前に失敗からの教訓に学ぶことにしよう。

5　失敗事例からの教訓

アップルとニュートン（MessagePad）

次頁の写真を見れば明らかなように，iPhone の原型は，製品名 MessagePad，通称ニュートンにあるといっても過言ではない。たとえば今から約 20 年前に発表されたニュートンの最終形 MessagePad 2100 は，初期 iPhone と，サイズは大きく異なるものの，画像解像度は同じ 480×320 ピクセルだったのである。**表2-2** を見ればわかる通り，ニュートンはモデルチェンジを繰り返し，1993 年 8 月から 98 年 2 月までの 4 年 5 カ月の期間販売された。初代機から，当時としては高速の ARM 610（20 MHz）プロセッサを搭載し，ROM は 4 MB，RAM は 640 KB の容量を有し，

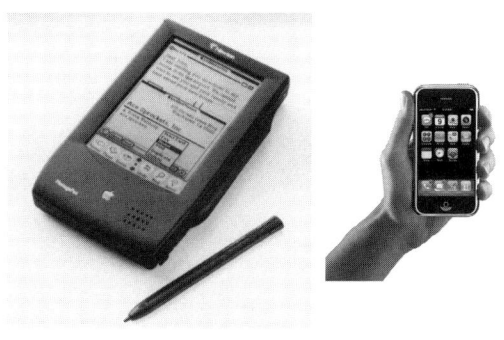

ニュートン（左）と iPhone（いずれも実物の約7分の1）
（写真提供：左・共同通信社，右・ロイター＝共同）

手書き文字認識ソフトが標準装備され，パソコン等への接続性も LocalTalk と赤外線通信で確保されていた。当時のアップル CEO ジョン・スカリーは，このデバイスを PDA（personal data assistant）と命名し，デスクトップパソコンを補完・代用する装置として，市場投入した。このうち，eMATE 300 は，デスクトップを補完するというよりも，ディスプレイもバックライト付きで大きく，キーボードも組み込まれており，新たな指向性であるポータビリティを強調したパソコンであったが，この辺りにも以下で述べるようにアップルの戦略上の迷いを読み取ることができる。

ニュートンは，大々的なマーケティングキャンペーンを展開するのみならず，シャープ，デジタルオーシャン，モトローラといった端末メーカーにも OEM さながらにライセンス供与し，市場の拡大を狙ったものの，アップル単体で年間 14 万台程度しか売れなかった。その理由を，価格とその大きさ（重さ）といった製品上の理由に帰す向きは多い。しかしながら，当時のアップルの置かれていた状況について，少し洞察を深めると，違った見方が浮上してくる。

5 失敗事例からの教訓

表 2-2 ニュートンの製品名, スペック, 販売時期等

	製品名	Newton OS	プロセッサ	ディスプレイ
1	Message Pad	1.0 1.1	ARM 610 (20 MHz)	336×240 (px) 白黒画面
2	Message Pad 100	1.2 1.3	ARM 610 (20 MHz)	336×240 (px) 白黒画面
3	Message Pad 110	1.3	ARM 610 (20 MHz)	336×240 (px) 白黒画面
4	Message Pad 120	1.3	ARM 610 (20 MHz)	336×240 (px) 白黒画面
5	Message Pad 130	2.0	ARM 610 (20 MHz)	336×240 (px) 白黒画面
6	eMATE 300	2.1 (2.2)	ARM 710 (25 MHz)	480×320 (px) 16調グレースケール, バックライト付き
7	Message Pad 2000	2.1	StrongARM SA-110 (162 MHz)	480×320 (px) 16調グレースケール, バックライト付き
8	Message Pad 2100	2.1	StrongARM SA-110 (162 MHz)	480×320 (px) 16調グレースケール, バックライト付き

(出所) ウェブサイト・Mac inside (http://macinside.sakura.ne.jp/index.html)

重量,大きさ	発売期間	備考(改良改善点等)
0.41 kg 18.42 cm (H) ×11.43 cm (W) ×1.91 cm (D)	1993年8月～ 94年3月	オリジナルモデル。H1000,OMPと呼ばれる。
0.41 kg 18.42 cm (H) ×11.43 cm (W) ×1.91 cm (D)	1994年3月～ 95年3月	手書き入力の遅延認識ができるようになる。
0.45 kg 20.32 cm (H) ×10.16 cm (W) ×3 cm (D)	1994年3月～ 95年3月	RAMを1MBに容量拡大。若干細長くなり,フリップ式カバーと伸縮式のスタイラスがついた。
0.45 kg 20.32 cm (H) ×10.16 cm (W) ×3 cm (D)	1994年10月～ 96年6月	ROM 8 MB, RAM 2 MBの最上機種を用意。日本で公式販売開始。
0.45 kg 20.32 cm (H) ×10.16 cm (W) ×3 cm (D)	1996年3月～ 97年4月	8 MBのROMおよび2.5 MBのRAMを標準装備。バックライト搭載。OS 2.0搭載。
1.81 kg 30.5 cm (H) ×29 cm (W) ×5.33 cm (D)	1997年3月～ 98年2月	8 MBのROM, 1 MBのRAM(2 MBに拡張可能), 4 MBのフラッシュメモリ搭載可能。オーディオ端子も標準装備。
0.64 kg 21.1 cm (H) ×11.94 cm (W) ×2.79 cm (D)	1997年3月～ 98年2月	大幅改良。StrongARM (162 MHz)を搭載し大幅に高速化。大形化しPCカードスロット2基搭載。4 MBのフラッシュメモリ搭載。
0.64 kg 21.1 cm (H) ×11.94 cm (W) ×2.79 cm (D)	1997年12月～ 98年2月	機能上の改良なし。デザイン改良。

等の情報を参考に,筆者作成。

ニュートンが投入される少し前，1990年前後のアップルは，アップルⅡで大成功を収めパソコン業界でのリーダー企業として80年に上場し，80年代後半には時価総額50億ドルの企業になっていたころであった。しかし，IBMのPC互換機（PC/AT）市場に徐々にそのマーケットシェアを奪われ始めていたのも事実である。

　1981年にIBMから投入されたPCシリーズ（IBM Personal Computer 5150, PC/XT, PC/AT等）は，**第4章「プラットフォームリーダーシップ」**にて詳述するように，バスアーキテクチャ（メモリ等の記憶装置からCPUへのデータ転送を行う仕組みおよびその設計図）がオープンで，CPUはインテル製チップ（x86等），OSはマイクロソフトのMS-DOS等の一般市販部品で構成されており，かつDOSベースのソフトウェアのラインナップが豊富であったことから，とりわけPC/AT互換機市場が隆盛となり，IBMの市場流通力とも相まって，パソコン市場における事実上の標準（デファクトスタンダード）機種となっていた。こうした状況下，画像を含めグラフィックデザインを扱うことが多い業種以外で，アップルは徐々にその市場を奪われ始めていたのである。

　この窮地を脱するために，アップルが綿密な市場調査のもとにたどり着いたのが，ハンドヘルドコンピューティングのためのデバイス（PDA），すなわちニュートンであった。アップルのヘビーユーザーたちの利便性を高めるべく，持運びが可能で手軽に文字入力できる手書き文字認識ソフトを標準装備し，「時代の最先端」をキャッチフレーズにした製品であったが，市場は反応しなかっ

> 「PC」という用語は，MS-DOS, WindowsベースのIBM互換機を指す。また，「パソコン」という場合は，PCに加え，アップル系パーソナルコンピュータをも含んでいる。

た。なぜか。

　1990年といえば，インターネット元年ともいわれる年で，パソコンはネットワークに接続されることもあまりなく，まだまだ単体として，ワープロ，表計算，プレゼンテーション等のソフト利用のために用いられていた。すなわち，パソコン市場において求められていたのは，ビジネスユーザーの利便性を高めるための新たなソフトとその性能を高めるハード，そして両者によるインターネット対応であり，要するにパソコン市場は，まだまだ成長市場だったのである。にもかかわらず，PDAという新機軸で，2台目のパソコンを推奨されても，市場の注目は集まらなかった，というのが偽らざるところであろう（eMATE投入は，2台目が無理でも，1台目からならば，というアップルの市場戦略の迷いを象徴している）。

　パソコン市場におけるシェアの低迷を打破するために投入されたニュートンであったが，莫大なマーケティングおよび開発投資を行ったものの，アップル全体の売上げの1％程度にしかならず，スカリーのCEO退陣とともに，その販売は打ち切られた。

　ニュートンが破壊的製品であったことについては，疑問の余地はない。その発想は，iPhoneやiPadといった今日売れに売れている製品の原型にほかならない。しかしながら，そのような破壊的製品を，パソコンというメインストリーム市場でのマーケティングおよび開発手法をそのまま踏襲し，市場投入したところに大きな過ちがあった。要するに，破壊的市場に見合ったマーケティングと開発手法を見つけ出さなければならなかったにもかかわらず，窮地を脱するための最先端パソコンという「御旗」を掲げたことが誤りだったのである。

　周知のように，アップルは，暫定CEOに返り咲いたスティー

ブ・ジョブズによって，1998年8月 iMac が市場投入され，iPod, iPhone, iPad へと成功の道のりを歩む。2012年9月下旬には，上場来高値の1株705.07ドルをつけ，時価総額は6609億ドルに達し，金額ベースで1999年のマイクロソフト（6189億ドル）を抜いただけでなく，世界1位の時価総額企業となった。ただ，2013年第1四半期の業績見込みが低調であったことや，一部ソフト（地図ソフト）の不具合が見つかったことなどから売られ，その後株価は四十数％程度下げ，1年4カ月ぶりに終値ベースで400ドルを割り込んだ（2013年4月）。

iMac の成功は，PC がモジュール開発のもとでコモディティ化し始めていた際に，インターネット端末として機能をシンプルにし，低価格ながらも，アップルのお家芸であるデザイン性豊かなホーム向け製品に仕立てたことによる。ビジネスユースではなく，ホームにおけるインターネット利用というニッチセグメントのニーズを忠実に汲み取った成果であり，それを可能にしたのは，ビジネスユースの PC 市場が隆盛を極めていたころに，グラフィックス分野というニッチセグメントで生き延びていかざるをえなくなった同社が，その経営ノウハウを遺憾なく発揮できる市場を選択したことによる。

HP とキティホーク

1991年，ヒューレット・パッカード（HP）社のディスクメモリデバイス部門は，HDD で6億ドルの売上げを達成し，当時時価総額200億円程度であった同社に大きく貢献した。この成功を機に，同部門は，1.3インチドライブ，容量20 MB の開発プロジェクト（コードネーム，キティホーク）に乗り出す。このドライブは，当時の業界において異例であっただけでなく，社内的にも，

HPがこれまで製品投入していたHDDの最小サイズが3.5インチで，それも最後発での市場参入であったことからして異例であった。当時の経営陣は，このプロジェクトに対して3年以内に1億5000万ドルの売上げ達成を目標として課した。

同時期のコンピュータ業界の優良企業たちは一様に，ハンドヘルドコンピューティングのPDA市場が立ち上がることを期待していた。それは，上記のアップルに限らず，モトローラ，AT&T，IBM，マイクロソフト，インテル等々，みなそうであった。このPDA市場にうってつけのドライブサイズが，1.3インチというのが，HPの開発担当者の狙いであった。このため，HPの技術マーケティングは，これらの優良企業のみならず，新興企業に対してまでPDAの開発動向についてヒアリングを重ねていった。結果は，いずれの社もPDA開発は重要視している，という回答であった。

技術上クリアしなければならない問題は多々あったが，1年後，当初の目標通りのスペック（1.3インチ，20 MB）をクリアし，さらにPDA市場および電子手帳市場の耐久性ニーズを満たすために，衝撃センサーをも内蔵し，高さ1メートルからコンクリートに落としても大丈夫なように開発されて，市場投入価格は，1台250ドルであった。また1年後には，同インチサイズで40 MBの記憶容量を達成していた。

PDA市場がランプアップ（ramp up）しなかったことは，アップルのケースにおいて示した通りであるが，興味深いのが，クリステンセンがとある優良企業のCEOから1.8インチHDDの製品化について聞いたことと，自らのクラス討議の際にホンダの元社員から聞いたことの食違いである。そのCEOは，「1.8インチHDDの市場投入の準備はすでに整っている。プロトタイプは，4

世代目を数える。しかし，市場がないのでまだ1台も販売していない」という。これに対して，ホンダの元社員は，「カーナビ用のHDDとして，1.8インチディスクドライブを用いている。ところが，大手ディスクドライブメーカーは売ってくれないので，コロラド州の小さなベンチャー企業から買っている」という。

　この違いは何なのか。要するに，HDD産業のCEOが念頭に置いていた市場はモバイルPCあるいはPDAという市場で，その市場での予想販売量と粗利益率から価格設定していたから「売れない」のであり，他方，ホンダが求めていたのはハイスペックでない低価格のHDDだったのである。

　同じことが，キティホークにおいても起きていた。キティホークの売上げに最も貢献していたのは，日本語ポータブルワープロ，小型レジスター，デジタルカメラ，産業用スキャナー，といったコンピュータ用途ではない周辺市場であった。発売を開始してから2年後，家庭用テレビゲームメーカーから大量購入の打診を受けるが，そこでの購入価格は1台50ドルで，要求スペックも記憶容量が10 MBといった劣位なものであった。結局この取引は成立せず，最初の2年間に当初計画の数分の1しか販売できず，また最終年には原価割れの出荷がかさみ，キティホークの生産と販売は打ち切られることとなった。

　何が間違っていたのか。1つには，HP，アップルに限らず，コンピュータ産業自体の市場予測が誤っていた点を指摘することができる。コンピュータ産業においては，メインフレームに始まり，ミニコンピュータ，ワークステーション，デスクトップコンピュータ，ラップトップコンピュータと，ハードのダウンサイジングを繰り返してきた。そうした流れの中で，モバイルPCあるいはPDAは，「必然」で，産業界の誰もが疑っていなかった。た

だそれがいつ市場としてランプアップしてくるかはわかっていなかった。パソコン市場は，第**4**章で詳述するように，インテルおよびマイクロソフトの「プラットフォーム戦略」によって，ソフトの充実化が進み，それを支えるべくモジュール化されたハードが高機能化していった。このため，当時市場はまだまだ成長途上にあったのである。

2つには，アップルのニュートンと同じく，キティホークも，PDA という市場に限定した製品開発を行っていた点をあげることができる。まだ「見えていない」市場に破壊的技術を投入する場合，その用途を顧客とともに学習していくプロセスとスラック（余裕）資源が必要となる。既存のバリューネットワークで培ってきたプロセスと価値基準とは異なるそれらを新たに構築していく体制とそのための資源が必要となるが，HP にはその準備ができていなかったのである。

コダックとデジタルカメラ

カメラフィルムといえばコダック，コダックといえばフィルム，といわれるくらい，イーストマン・コダックとカメラフィルムとの結びつきは強い。デジタル技術の急拡大によって，2012 年1 月に，ニューヨークの連邦地裁に破産法第 11 条（日本での民事再生法に相当）の適用申請を行うまで，数十年にわたって世界のフィルム市場をリードしてきた同社であったが，デジタルカメラを世界で最も早く開発していたことはあまり知られていない。

1975 年 12 月，ギャレス・J. ロイドとスティーブン・J. サッソンが，世界初のデジタルカメラの開発に成功する。アメリカ特許庁にて，Electric Still Camera（特許番号 US 4131919 A）として，1978 年 12 月 26 日に公開登録されている。当時としては画

期的なCCD（charge coupled device）技術を搭載し、画像サイズは、100×100の1万ピクセルで、撮影した画像はカセットに収録され、それを再生機にてテレビ出力することで画像を映し出すことができた。このカメラがコダックから売り出されることはなかったが、この破壊的技術をもとにしていれば、同社が民事再生法の申請にまで落ち込むことはなかったかもしれない。

コダックのデジタルカメラプロトタイプ
（奥、写真提供：AP／アフロ）

たしかにデジタルカメラが市場として立ち上がってくるまでには時間を要した。1981年8月にソニーから「マビカ」が試作発表されるものの、1.44インチフロッピーディスクに画像を保存するため、撮影可能枚数も少なく、またCCDの解像度のみならず、当時のプリンタ技術では、とてもフィルム写真と同じ水準の画像を顧客に提供することはできなかった。

状況を変えたのは、カシオが1995年3月に販売したQV-10であった。QV-10の画質は、25万画素（フィルムは1000万画素）であったが、1.8インチの液晶ディスプレイが搭載され、撮影後す

> もちろん、コダックもデジタルカメラ市場が成長を始めると、デジタルカメラを市場投入している。しかしながら、それはリーダー企業としてではなく、フォロワーとしてである。

第2章 イノベーションのジレンマ

ぐ画像を確認できたのみならず，2 MBのフラッシュメモリに96枚までの画像を保存でき，その画像をパソコンにケーブル転送することで，パソコンを通じてデジタル画像を楽しむという用途が現れ，デジタルカメラ市場が立ち上がっていった。2001年5月には，キヤノンから211万画素のCCDが搭載されたポケットサイズのIXYデジタルが，希望小売価格7万5,000円程度で販売されて大人気商品となり，市場は急拡大していった。これに呼応するかのように，フィルムカメラ市場は急速に縮小し始め，今や店頭ではほとんど販売されていないというのが現状である。

デジタルカメラ市場は，CCDやCMOSイメージセンサ等のコア技術におけるイノベーションのみならず，パソコンやプリンタにおけるハードとソフトの多様化と機能向上，記録媒体（メディア）におけるイノベーションと，インターネットの利用拡大に支えられて，拡大した市場である。プロトタイプが開発されてから実に20年程度経過してようやく市場としてランプアップし始めた市場であることから，当時のコダック経営陣の判断は適切であったのかもしれない。

しかしながら，デジタルカメラという用途ではなく，デジタル画像撮影・保存システムとして，破壊的技術を利用する用途が果たしてなかったのかは疑問の残るところである。事実，ソニーは，カムコーダ（ビデオカメラ）向けにCCDイメージセンサを量産し，部品供給を進め，ビデオ分野で成長し，技術継承を可能なものにしていった。「未知の市場」は，技術の用途も未知であるところが，優良企業を困惑させるのかもしれない。

6 イノベーションのジレンマに陥らないために

　顧客および株主への資源依存，精緻化されたプロセス，ならびに確立された価値基準のために，特定バリューネットワークにおける優良企業はイノベーションのジレンマに陥るというのが，クリステンセンの命題である。それを回避するにはどうすればよいのか。クリステンセンの答えは至って簡単である。

(1) 異なる資源依存，プロセス，価値基準を有する企業を買収し，そこの組織能力を活用する。その際，決して本社のプロセス，価値基準を押しつけてはいけない。

(2) スピンアウト組織を作り，そこには，既存の資源依存，プロセス，価値基準を押しつけてはいけない。

(3) 既存の資源依存，プロセス，および価値基準を抜本的に改める。

　(1)と(2)は，既存の資源依存，プロセス，および価値基準の改変は無理だと判断した場合であり，(3)は，CEOがそれこそ「死ぬ気」で取り組まないと無理な挑戦である。(3)に関する成功事例は少ない。危機に直面する前に，クラークとホイールライト (Clark and Wheelwright, 1992) がいうところの「重量級チーム」(heavyweight team, 図2-3)，つまり十分な権限と予算が与えられたプロジェクトチームを，経営者自らが組織して，新たなプロセスと価値基準のもとで，プロジェクトを成功裏に導き，新プロセスと価値基準を組織内に徐々に浸透させていかなければならないからだ。資源面での既存組織からの抵抗が強いばかりか，仮にプロジェクトが成功したとしても，その後の組織内の混乱は大きく，

図 2-3　重量級チームの編成

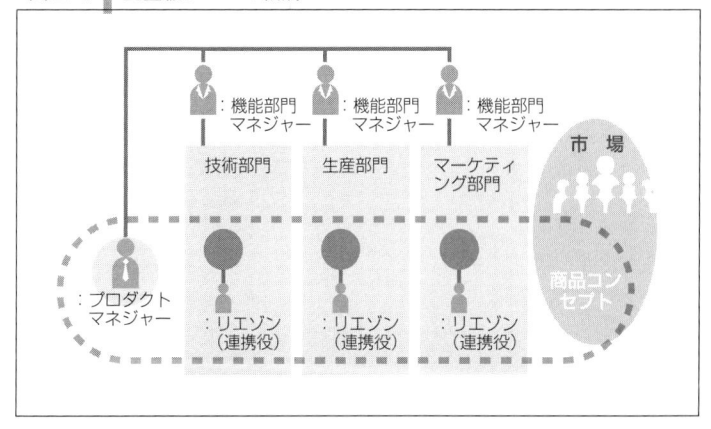

- 機能部門マネジャー（技術部門／生産部門／マーケティング部門）
- プロダクトマネジャー
- リエゾン（連携役）×3
- 商品コンセプト／市場

新たなプロセスと価値基準が定着するとは限らない。

IBMのシステム360開発における大成功（メインフレームコンピュータにおけるソフト資産の世代間互換が功を奏し，ほぼ市場独占を達成した。詳しくはBaldwin and Clark, 2000を参照），あるいはインテルのDRAM事業からMPU事業へのシフト（日系企業の攻勢により，メモリ分野から事業転換し，付加価値の高いCPU〔演算処理〕および，バスといったデータ転送経路を組み込んだMPU分野へと進出し，大成功を収めた）を，この種の成功事例として捉える向きもあるかもしれないが，顧客への資源依存，プロセス，価値基準がすべて刷新されたわけではない。IBMのシステム360開発が，巨額投資のもとで断行されたのは，ソフトウェアの世代間互換を顧客から強く要望され，アーキテクチャを機能区分のもとブロック化し，モジュール開発を進めた成果であり，顧客への資源依存が変わったわけではなかった。また，インテルの事業シフトも，ROI（投資利益率）の高い事業への投資シフトの結果であり，これもインテルの価値基準が変化したからではない。唯一思いつく

図 **2**-4　イノベーションの条件と組織能力の適合性

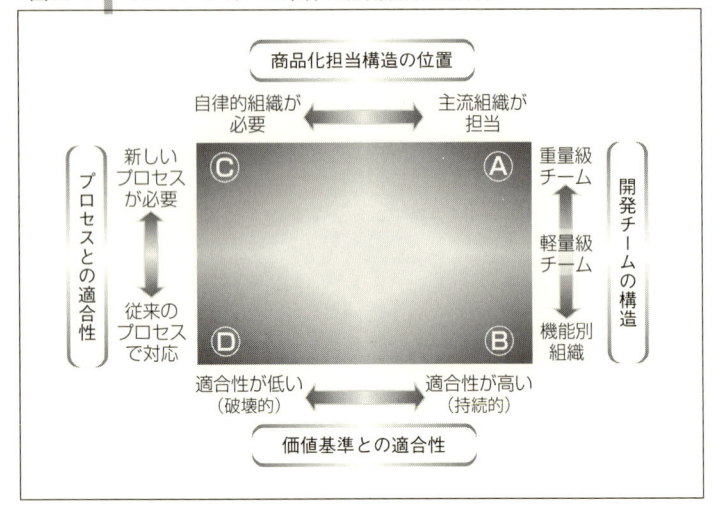

```
                    ┌商品化担当構造の位置┐
          自律的組織が  ←→  主流組織が
             必要              担当
  ┌プロ┐  新しい                         重量級   ┌開発┐
  │セス│  プロセス   Ⓒ        Ⓐ        チーム   │チー│
  │との│  が必要                                  │ムの│
  │適合│           ←→              ←→        │構造│
  │性  │  従来の                                  │    │
  └    ┘  プロセス   Ⓓ        Ⓑ       機能別    └    ┘
          で対応                         組織
          適合性が低い  ←→  適合性が高い
           (破壊的)          (持続的)
                    └価値基準との適合性┘
```
          軽量級チーム

ものとしては、ジョブズが暫定 CEO として返り咲いた後のアップルの組織改革、それをもとにした iMac 開発等が、上記(3)の成功事例なのかもしれない。

クリステンセンは、その組織論について、**図 2**-4 を示す。IBM のシステム 360 開発およびインテルの事業シフト等は、図のⒶの領域での事象であろう。既存の主流組織を活用して、部門横断的に重量級チームを編成し、新プロジェクトを遂行していくのがそれにあたる。Ⓑは、既存事業における持続的イノベーションをこれまで通りの組織とプロセスでこなしていくことなので、本章の趣旨からすれば対象外の領域である。

Ⓒが、上記(1)と(2)の方策に相当する。新興ベンチャーを買収したり、あるいは、社内で開発された技術をもとにスピンアウト組織を企業化したり、その方法はさまざまである。詳細については、次の第 3 章「**オープンイノベーションへの展開**」で紹介するが、

第**2**章　イノベーションのジレンマ

要するに,破壊的技術の特性を踏まえ,自律的組織(重量級チーム)を編成し,新しいプロセスのもとで,買収あるいは事業のスピンアウトを敢行していくことにほかならない(iMac はⒶとⒸの中間にあたる)。

Ⓓは,ディフュージョン(廉価版)商品を提供するために,主流組織とは切り離した形で,子会社あるいは別ブランドを立ち上げることを意味している。主流組織が提供する製品・サービスが属する市場の下位セグメントに対して,主流組織よりもはるかに低い間接費で商品提供できるようにする組織的な手当てが,この領域である。そのため,従来のプロセスと機能別組織で対応できるものの,子会社あるいは別ブランドの創出という点において,既存組織とは異なる自律的な組織編成が必要になるのである。

第5節の失敗事例から学んだことは,破壊的技術は,それがどのような用途で活用されるようになるのか,まだ誰もわかっていないにもかかわらず,既存のマーケティングプロセスで市場を想定し,想定市場での仮想ニーズから製品開発を行ってしまった,あるいは見合わせてしまったところに問題があった,ということである。技術はその用途が見つかってはじめて,製品として形作られていく。

その用途は思いがけないところで見つかるかもしれない。そのためには用途探索の学習プロセスが必要不可欠で,時間もコストも要することを見込んでおかなければならない。であれば,小規模組織に委ね,その組織の自主性に賭けなければならない。技術と製品は違う,ということを認識し,技術の機能特性を分解して捉え,そのうちの1つにでも反応するニーズがあれば,それを追い求めていく試行錯誤の連続が必要である。そのためには,既存組織のレガシーは不要以外の何ものでもない。

参考文献

Baldwin, C. Y., and Clark, K. B. (2000), *Design Rules Vol. 1 The Power of Modularity*, Cambridge, MA: MIT Press.（ボールドウィン，C. Y. = クラーク，K. B. 著／安藤晴彦訳『デザイン・ルール――モジュール化パワー』東洋経済新報社，2004 年）

Christensen, C. M. (1997), *The Innovator's Dilemma: When New Technologies Cause Great Firms to Fail*, Boston: Harvard Business School Press.（クリステンセン，C. 著／玉田俊平太監修／伊豆原弓訳『イノベーションのジレンマ――技術革新が巨大企業を滅ぼすとき 増補改訂版』翔泳社，2001 年）

Clark, K. B., and Wheelwright, S. C. (1992), "Organizing and leading 'heavyweight' development teams," *California Management Review*, vol. 34, no. 3, pp. 9-28.

Galbraith, J. R. (1977), *Organization Design*, Reading: Addison-Wesley.

Porter, M. E. (1980), *Competitive Advantage: Techniques for Analyzing Industries and Competitors*, New York: The Free Press.（ポーター，M. E. 著／土岐坤・中辻萬治・小野寺武夫訳『競争優位の戦略――いかに高業績を持続させるか』ダイヤモンド社，1985 年）

第3章

オープンイノベーションへの展開

境界を越えた結びつきを喚起する

Introduction

　第2章で議論したイノベーションのジレンマ問題に対して，ゼロックス等の事例分析を通じて，「オープンイノベーション」（open innovation）という発想のもとに解決策を提示しようとしているのが，チェスブローである（Chesbrough, 2003）。2006年には *Open Business Models* を，そして11年には *Open Services Innovation* を上梓し，産業界におけるオープン化論を積極的に展開している。

　彼の発想の背景には，知識労働力の量的拡大と流動性の高まり，および新興（ベンチャー）企業とベンチャーキャピタルの隆盛がある。これらにより企業が自社技術のみならず他社技術を有効活用するようになり，研究開発において，従前のクローズドイノベーション（自前主義）からオープンイノベーションへとパラダイムシフトが起きているという。

　チェスブローは，パロアルト研究所にて数々の画期的技術を開発しながらもそれらをほとんど活用することなく自前主義で技術流出だけを招いたゼロックス，クローズドからオープンへの切替えを首尾よく成功させビジネスモデルの変更も行ったIBM，創業当時からオープンイノベーションを地で行くインテル，会社分割・独立を契機にコーポレートベンチャーキャピタル（CVC）を仕立ててオープンパラダイムの時流に適合しようとしたルーセント・テクノロジー等の事例を紹介している。

1 オープンイノベーションとは

　オープンイノベーションの概念は，**図 3**-1 のフローチャートに集約することができる。すなわち，社内であろうが，社外であろうが，自社のビジネスモデルに適合するもの，およびそれを拡張しうるものがあれば，積極的に導入する。そうでない場合，とりわけ社内では活用できないが他社では活用可能な場合，他社にライセンス供与する。その際のライセンス方針は，単に特許収入の多寡だけによるものではなく，ビジネスモデルとの整合性から，戦略的提携のあり方にかかわる重要な知的財産権戦略となる。次に，社内外において当該アイデア・技術を活用するビジネスモデルが見当たらない場合，かつそれが社内のものである場合，スピンアウトベンチャーを設立し，新たなビジネスモデルを模索させる。やがてビジネスモデルが固まり始めた際には，自社が補完財を提供しているか否かの観点から，自社に編入するか，他社へ売却するか，あるいは株式上場（IPO）を目指すかを決定する。

　このように述べれば，コモディティ化からの価格競争が著しくなっているグローバルなメガコンペティション状況下で求められる，製品開発のスピード競争に適した合理的な研究開発戦略として，表層的には理解可能であるが，イノベーションのジレンマ問題の解決へ向けての 1 つのアプローチとする場合，その深層部に

> 🖋 チェスブローは，「スピンアウト」とはいわず，「スピンオフ」という。中心から飛び出していくイメージを表現したものであるが，本書では，第 4 節のシスコの「スピンイン」との対比から，「スピンアウト」とし，「スピンオフ」と同義で用いることにする。

図 3-1　アイデア・技術のマーケットへの道

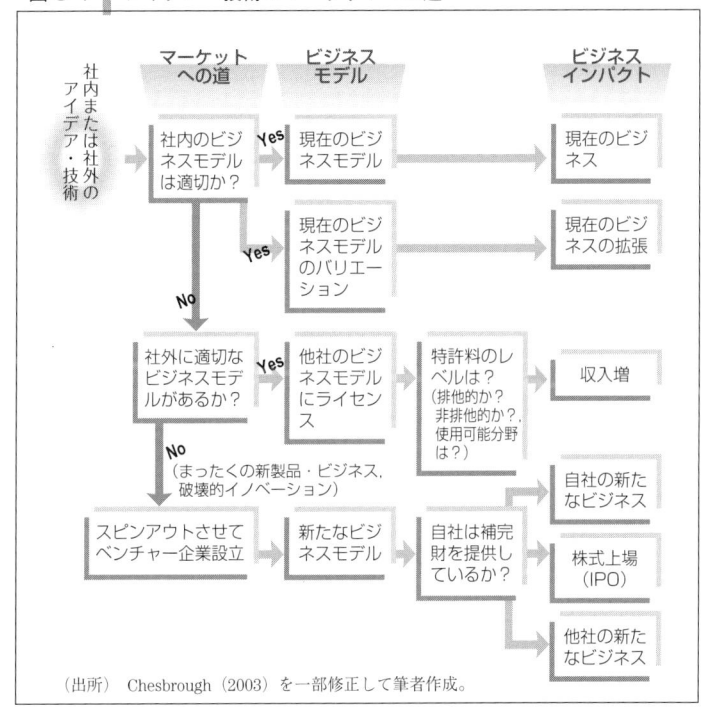

```
社内または社外のアイデア・技術
         ↓
    マーケットへの道              ビジネスモデル              ビジネスインパクト

    社内のビジネスモデル ──Yes──→ 現在のビジネスモデル ──────────→ 現在のビジネス
    は適切か?
         │              ─Yes─→ 現在のビジネスモデル ──────────→ 現在のビジネスの拡張
         │                      のバリエーション
         │No
         ↓
    社外に適切な ──Yes──→ 他社のビジネス → 特許料のレベルは? ──→ 収入増
    ビジネスモデル        モデルにライセ   (排他的か?
    があるか?             ンス            非排他的か?,
         │                               使用可能分野は?)
         │No
    (まったくの新製品・ビジネス,
     破壊的イノベーション)
         ↓                                              ┌→ 自社の新たなビジネス
    スピンアウトさせて → 新たなビジネスモデル → 自社は補完 ─┼→ 株式上場(IPO)
    ベンチャー企業設立                         財を提供し  └→ 他社の新たなビジネス
                                              ているか?
```

(出所) Chesbrough (2003) を一部修正して筆者作成。

ついても理解を深めなければならない。事実,ケーススタディで取り上げるルーセント・テクノロジーは,そのコーポレートベンチャーキャピタル (CVC) であるルーセント・ニューベンチャーグループ (NVG) の取組みも手伝って,一時株価の上で非常に高く評価されていたが,1999 年ごろから光伝送装置のシェアでノーテルネットワークスに水をあけられたことや,IT バブルの崩壊に伴う業績悪化により,2002 年に NVG は売却され,本体も 06 年 4 月フランス企業・アルカテルとの合併に追い込まれているのである。

2000年当時,元をたどればルーセントと出身母体は同じAT&T（ウエスタン・エレクトリック）から分離独立したノーテルが,電話交換機事業よりもインターネット通信機器事業に注力したことが功を奏して,ハイエンドの光伝送装置分野でルーセントに勝利し,そのことがルーセントに対する酷評を招き,結果NVGの取組みも消失した。であれば,イノベーションのジレンマ問題におけるオープンイノベーション戦略と,そのもとでのCVCのあり方について,深く理解する必要があるのではないだろうか。

2 ビジネスモデルの構成要素

　図3-1から窺えるように,チェスブローは,オープンイノベーションにおけるビジネスモデルの重要性を強調する。アイデアあるいは技術は,ビジネスモデルと結びついて,顧客に商品として受け入れられるようになって,はじめて価値を生む。たとえ特許化された技術であっても,それが商品に組み込まれ顧客に価値を提供できないのであれば,何ら有用性はない,ともいう。事実,チェスブローの特許使用料に関する文献調査によれば,少々古い1990年代のアメリカのデータではあるが,特許を保有する半導体・電気業界の上位企業においてさえ,その特許の60％しか活用されておらず（他社へのライセンスとなるとその数はさらに減少する）,また,主要6大学が保有する特許のうち,特許収入の92％を10％の特許が稼ぎ出し,残り90％の特許でわずか8％の特許収入しか得ていないとのことである（Grindley and Teece, 1997；Scherer and Harhoff, 2000, table 1）。

　技術を顧客価値へと変換するプロセスがビジネスモデルである。

ビジネスモデルという用語は，多方面で用いられており，いささか多義的であるが，チェスブローは，オープンイノベーションへの適用性を考慮に入れて，以下の6つの概念から構成する。

(1) バリュープロポジション（価値命題）

　顧客の立場に立って，当該技術がどのような点でベネフィットを提供することになるのかを明確にしなければならない。その際，想定する顧客を明確にしなければならない。さらにそのベネフィットは，顧客の満足をこれまで以上に高めるもの（ニーズ）なのか，あるいは顧客の不快・苦痛を解消するもの（ウォンツ）なのか，を区別しなければならない。ウォンツのほうがよりバリューが高く，インパクトは大きい。

(2) マーケットセグメント（市場セグメント）

　バリュープロポジションはターゲットとすべき顧客を明確にするが，それらが市場におけるどのセグメントに属しているかを見極めなければならない。ターゲット顧客が既存の市場セグメントには存在しない場合もあれば，既存の市場セグメントの顧客属性と若干異なる要素を有している場合もある。そのような場合，どのように市場の再セグメンテーションを行うのかが重要になる。ただ，このことについては，チェスブローはほとんど語っていない。本書では第5章において詳述する。

(3) バリューチェーン（価値連鎖）

　企業内活動における機能間連携をもとに，どの機能に顧客は価値を見出すのかを分析しなければならない。それなくしては，差別化もコストリーダーシップも行えず，収益の源泉

---

*　チェスブローは，ニーズとウォンツの区別を明確には行っていないが，文脈上そのように読み取れる表現を用いている。

を特定できないことになる。

(4) コスト構造とターゲットマージン（目標利益率）

バリューチェーンを特定することが可能になれば，これに対して，顧客はいくら支払うかを検討し，価格を設定しなければならない。そして，その徴収の方法も検討しなければならない。取引ごとに請求するのか，一括ライセンスか，あるいは商品自体は無料あるいは非常に安くし，アフターサービス，オプションサービス等で利益を得るのか。プライシングとその徴収方法が，目標利益率を導出することになる。

(5) バリューネットワーク（価値ネットワーク）

今日的な製品・サービスの複合化状況を念頭に置けば，前章で説明したバリューネットワークは，いかなる企業においても無視できない。ネットワークにおけるプレーヤー間の相互補完・依存関係は，社内のバリューチェーンのみならず，コスト構造とターゲットマージンにも影響を及ぼす。またバリューネットワークおけるポジショニングは，当該製品・サービスの価値を高めることにもつながる。

(6) 競　争　戦　略

上記5つの概念を整合的に構築することが競争戦略にほかならない。単なる差別化，コストリーダーシップ，ニッチ戦略，あるいはコアコンピタンス等々にとどまらず，5概念のアーキテクチャ（設計図）でなければならない。そのうちの1つが変化すれば，おのずと他も変化する。その変化を吸収するメカニズムを備えておくことが，競争戦略の要諦をなす。

技術のライセンスにとどまらず，戦略的提携，買収，スピンアウト等々のオープンイノベーション戦略を実行していこうとすれ

ば，自社のみならず関係他社のビジネスモデルの精査は必要不可欠で，それを実行するための組織的な措置が求められる。いろいろな措置が考えられるが，制度としての定着度合いとそのマルチファンクションぶりから，以下ではCVCに焦点を当てることにする。その際，チェスブローの著作の中で取り上げられているルーセントに加えて，シスコ等に関する筆者の研究室での成果（崔，2013）を織り交ぜながら議論を展開していく。また，インテルおよびIBMについては，知的財産権戦略との兼合いが強いので，次の第4章「プラットフォームリーダーシップ」において詳述する。

3 ルーセントNVG（スピンアウト型）

モデル企業としてのルーセント

1996年にAT&Tは，長距離通信部門，通信機器製造部門，コンピュータ部門を基本単位として3分割され，AT&T，ルーセント・テクノロジー，NCRへと生まれ変わった。その際，機器製造部門の旧ウエスタン・エレクトリックから誕生したルーセントは，多数のノーベル賞受賞者を輩出し続けてきたベル研究所を引き継ぐだけでなく，イノベーション速度の速まりと市場の流動化に対応するために，1997年，社内CVCとしてNVGを新設した。

CVCの役割には大きく分けて4つある。1つ目が，社内のアイデアや技術を社内のビジネスモデルでは活用できないので，スピンアウトさせて，ベンチャー企業を創出すること，2つ／3つ目が，ベンチャー企業等の他社が有する資産（技術，人材，顧客等）を獲得／利用するため，買収／資本提携すること，4つ目が自社

技術のライセンシングである。ルーセントの場合，アイデア，技術獲得のための企業買収は，本体あるいは事業部門が行い，NVGは，ベル研の技術資産を有効活用するために，CVC業務における買収以外のすべてを実施した。その意味からして，ルーセントはオープンイノベーションのモデル企業だったのである。

青木（2002）の調べでは，ルーセント事業部門が買収した企業は，1996年10月から2000年9月の4年間にわたって38社あり，ほぼ毎月1社のペースで，ルーセントは買収を実施していた。他方，NVGがベル研資産の有効活用のために，①スピンアウトさせた企業，②技術ベース企業，および③事業提携・技術提供のために資本提携した企業は，**表3-1**にまとめられている。

この表における①から③の区別は，①が，リードインベスターとして，NVGがハンズオンで（手塩にかけて）育成しようとした企業で，②は，他社の技術および他のベンチャーキャピタル（VC）投資も積極的に受け入れ，状況によっては他のVCにリードを任せながら，自らはVC業界用語ではいわゆる「セカンド」としてかかわる企業，そして③は，文字通り，事業提携あるいは技術提供の可能性の観点から投資した企業である。

表3-1には記載されていないが，これら以外に，Full View, NetCalibrateといったNVGが独自に手がけた投資先，あるいはLucent Digital Radio（LDV），VideoNetのような他のVCとシンジケート団を組成した案件がある。また，Elemedia, LDV, Noteable等のように，NVGから出資を受けてルーセントからスピンアウトしながらも，本体事業を補完することが明確になった時点でルーセントに再取得された企業もある。

その典型例がLDVで，同社は1997年10月にNVGから初期投資額700万ドルを受けてルーセントからスピンアウトした企

業である。もともとは1996年秋のベル研研究発表会で，NVGのパートナーの目にとまり，ルーセント本体におけるビジネス部門からの研究サポートを模索するものの，結局マーケット規模の観点からサポートする事業部門が見つからず，マーケティング部門との度重なる協議の結果，NVGからのファイナンシングによって，事業をスタートさせた。核となる技術は，アナログ信号をデジタル信号に変換する技術で，これによりデジタル化されたビデオを，デジタルネットワークを通じて配信する，いわばビデオオンディマンドの先駆け的なネットワーク技術であった。

設立2年後の売上げ規模が1500万〜2000万ドルになり，3年目は，2500万〜3000万ドルと予想されていた。1999年の夏時点では，NGVはIPOを念頭に置いて動いていたし，また外部企業からの買収提案もあった。ところが，ルーセントの光ネットワーク部門が自社製品の差別化要素になると判断し，LDVは，市場価格でルーセントに再編入されることになった。1997年から99年にかけて，ルーセントは中国に対して数百万ドル単位の光ファイバー通信システムを販売しており，これにLDVのデジタル暗号化装置を組み合わせれば，より高付加価値なシステムを販売することができると，ルーセントの事業部門は考えたのである（Chesbrougth, 2003, chap. 7）。

ところが，このLDV再編入劇の背後には，もっと大きな問題が隠されていた。ルーセントは，光ネットワーク伝送装置分野で，2000年の第1四半期においてノーテルネットワークスの市場シェア45％に対しルーセントは25％（市場規模15億ドル），同年第3四半期ではノーテル53％に対してルーセント16％（市場規模17億4000万ドル）というように，ノーテルに水をあけられていた（『日経ビジネス』2001年2月5日）。というのも，ノー

表 3-1　NVG の投資先一覧（1996～2000 年）

	企業名	
① NVGからスピンアウトした企業	Electroplating Chemicals and Services	世界中のエレクトロニクス，自動車，航空宇宙および提供
	Face 2 face	顔にアタッチメントやマーカーなどをつけることなしに直接リンクすることにより，顔のアニメーションの
	iBiquity Digital	放送局用にアナログ FM 無線信号を CD ならびにデジロジーを開発する（2000 年 9 月に Lucent Digital Radio
	Lumeta	企業ネットワーク管理およびセキュリティサービスの
	Sy Chip Inc.	単一のシリコンチップ上のメモリ，ロジックアナログ，（CSM）の提供
	Veridicom Inc.	身分証明のための高度なソフトウェアおよびハードウ
	Visua Ilnsights	大規模データベースにおけるトレンドおよびパターン
② ベル研の技術をもとに設立された企業	Ara Light	インターネットインフラストラクチュア設備のメーカニクスのモジュールを開発する
	Flarion Technologies	ワイヤレスデータアクセス用のフラッシュ OFDM（直
	In Phase Technoloties	高速アクセスおよび高速並列転送率を高記憶密度と組インターネット，データ保管およびゲームアプリケー
	ISP Soft	インターネットサービスプロバイダー，テレコミュニが，インターネットプロトコルに基づいたサービスを開発する
	Persystant Technologies	公共インターネットあるいは企業イントラネット上のな環境を築くソフトウェアサーバの提供
	Sava Je	インテルのストロングアームチップのために最適化オペレーティングシステムの中核的メンバを中心に設立）
③	Cyber IQ Systems	ベル研のネットワークサービスおよび変則検知器センスによって少数出資した既存の新興企業。NSAD
	E Ink	ルーセントとエレクトロニックペーパーテクノロジー
	Health Center Internet Services	ヘルスケアのプロバイダーや組織がインターネットの

第 3 章　オープンイノベーションへの展開

事業内容	備考
装飾の各産業における企業への電気メッキの製品およびサービスの	
に，生き生きしたキャラクターの顔の動きや感情を人間の顔のビデオマニュアルプロセスを自動化する	
タル音質に変換し，かつ AM ラジオの音質を改善するベル研のテクノが USA Digital Radio と合併してできた企業）	
提供	
デジタルおよび受動の機能を統合する複雑なチップ規模モジュール	
ェアにおける指紋認証技術	
を明らかにし表示するソフトウェア	
ーによって使用される高帯域幅および超高密度のオプトエレクトロ	
交周波数区分多重化）テクノロジー	
み合わせるホログラフィシステムの設計。ホログラフィ製品はビデオ，ションの実行を改善するために使用される	AT&T Labs および IBM の技術も含む
ケーションキャリア，およびアプリケーションサービスプロバイダー提供し，管理し，かつモニタするのを支援するソフトウェアツールを	Unixpros Inc. とのジョイントベンチャー
ネットワークに，有線あるいは無線で，ユーザーをつなぐバーチャル	
された Java 2 オペレーティングプラットフォームの開発（インフェルノ	
（NSAD）テクノロジーを使用するために，NVG が現金投資およびライは中断の失敗が生じる前にウェブサイト上の実行欠点を識別する	
の開発で協力する既存の新興企業	
力を用いて健康関連サービスの品質と提供を改善するのを支援する	

3 ルーセント NVG（スピンアウト型）

提携や技術提供を出資とともに受ける企業	Intrado Inc.	テレコム企業および公安機関のための有線および無線 年に SCC Communications Corp Lucnet Pjblic Safety
	MetroCommute.com	ウェブサイトを通して，電子メール警戒体制によって， のデータおよびビデオ材料として，リアルタイムの交
	NaviPath TM, Inc.	ルーセントから ProxyMate と呼ばれるベル研が 客にユーザーのオンライン上の身元を保護し，電子メ
	Siros Technologies	ルーセントと Siros Technologies（個人所有の企業）との してデータ記憶密度の 10 倍の増加を伝えることがで
	Talarian	インターネット上のメッセージを送信するためのマル
	Vita Nuova	ベル研からインフェルノオペレーティングシステムへ インフェルノの開発をサポートし続ける
	WatchMark Corp.	ワイヤレスキャリアがより効率的なオペレーションの を提供する。ルーセントのワイヤレスネットワークグ
	Wire One Technologies, Inc.	ビデオコミュニケーションソリューションのフルサー である GeoVideo の資産を買収した際に，NVG が Wire One

（出所）青木（2002）81-82 頁より抜粋。一部修正。

テルは電話交換機事業の将来性を疑問視し，1995 年にカナダの交換機工場を閉鎖，代わって 98 年 8 月にルータ専業のベイネットワークを 68 億ドル（ノーテルの当時の時価総額の約 30％に相当）で買収していた。これに対して，ルーセントは，ほぼ 1 年遅れの 1999 年 6 月に，当時 ATM 領域でルーセントの ATM チップを用いて技術的優位を築いていたルータ企業，アセンド・コミュニケーションズを，株式交換により 240 億ドルで買収するものの，既存顧客との関係からノーテルのように電話交換機事業を捨てて光ネットワークを含むインターネット通信分野に資源を集中することはできなかった。そこで，基本機能よりも周辺機能面での付加価値を求め，LDV に活路を見出そうとしていたのである。

このように，交換機市場とインターネット市場といった，いう

の通報への対応テクノロジーにおけるアメリカのリーダー企業（2001 Systems を買収してできた企業）	
加入者のデスクトップか携帯電話にあるいはテレビやラジオ放送局へ通情報を提供する	
開発したウェブプライバシーテクノロジーを獲得。合意によって，顧ールスパム受取を禁止するウェブプライバシーツールを提供する	
間の提携――ベル研で発明された非常に小さな口径のレーザーを使用きる新しい一種の光ディスク技術を開発する	
チキャスティングテクノロジーの提供	
の独占的なグローバル権利を獲得。ベル研は，共同開発協定のもとで	
ためにネットワークを最適化することを可能にするソフトウェア製品ループのワイヤレス性能管理ユニットが組み込まれている	OEM のパートナー
ビスを提供する（2001 年 6 月に，Wire One がルーセントの NVG ベンチャーの一部所有者となった）	

なれば代替関係にある2つの市場の成長率を見誤ったがゆえに凋落し，NVGの放出のみならず，前述のように，最終的には低い評価額でアルカテルと合併する結果となったことは，ルーセントにとってオープンイノベーションとは何であったのかを，考えさせられる。

ルーセント事業部門の失敗

表3-2から窺えるように，ルーセント本体あるいは事業部門の買収先は，インターネット時代を強く意識したものであった。1996年の同社設立時には，通信事業会社向け，一般企業向け，マイクロエレクトロニクス（部品），コンシューマ向けという4つの事業部門があり，これにベル研を加えて5部門体制をとっ

表3-2 ルーセントの買収先

買収完了年月日	対象企業	事業内容	買収価格(百万ドル)		2002年時点の分離先
2000					
9 19	Spring Tide Networks Inc.	インターネットプロトコル（IP）スイッチの製造	1,300	株式	
6 28	Chromatics Networks	大都市向けオプティカルネットワーク設備の製造	4,800	株式	
6 19	Hermann Technology	DWDMシステム用オプティカル装置のサプライヤー	438	株式	Agere
4 27	Ortel Corporation	高速ケーブルTVネットワーク用オプトエレクトロニクス部品	3,000	株式	Agere
4 20	Agere Inc.	パケットネットワーク用プログラマブルネットワークプロセッサチップの開発	377	株式	Agere
4 4	DeltaKabel TeleCom cv	ケーブルモデムの製造	非公開		Agere
3 17	VTC Inc.	コンピュータハードディスクドライブ製造用半導体部品のサプライヤー	104	現金	Agere
3 14	Spring Tide Networks Inc.	大都市向けオプティカルネットワーク設備の製造	33		Agere
2 2	SpecTran Corporation	特殊光ファイバーの設計および製造	非公開		OFS [2]
1999					
12 15	Soundlogic CTI Inc.	ソフトウェアの開発	非公開		Avaya
11 12	Xedia Corporation	ワイドエリアネットワーク（WAN）用インターネットアクセスルータ	246	株式	
11 3	Excel Stiching Corporation	プログラマブルスイッチの製造	1,700	株式	
10 18	International Networks Services	ネットワークのコンサルティング、設計および統合	3,700	株式	
7 19	Nexabit Networks	IPワイドエリアネットワークのスイッチおよびルータの開発	900	株式	
7 1	CCOM Information Systems	テレクトリソリューションおよびコンピュータテレフォニーインテグレーション（CTI）ソフトウェアの開発	非公開		Avaya
6 24	Asoend Communications Inc.	データネットワーキング装置	24,000	株式	
6 17	Batik Equipamentos SA	デジタルスイッチ装置システムの製造	非公開		
6 17	Zetax Tecnologia SA	デジタルセントラルオフィススイッチ装置	非公開		
4 5	Mosaix Inc.	顧客関係マネジメントとコールセンターソフトウェアおよびシステム	145	株式	Avaya

3	2	Enable Semiconductor	イーサネットIC	50	現金	Agere
3	1	Kenan Systems Corporation	ネットワーク構築および顧客ケアコミュニケーションソフトウェア	1,480	株式	
2	22	Sybarus Technologies	半導体設計企業	非公開		Agere
1	22	WaveAccess Ltd.	高速ワイヤレスデータコミュニケーションテクノロジーの開発	50	現金	
1998						
11	24	Pario Software Inc.	IPネットワーク用ネットワークセキュリティングソフトウェアの開発	非公開		
10	6	Quadritek Systems Inc.	IPネットワーク管理ソフトウェアの開発	50	現金	Avaya
9	24	JNA Telecommunications Ltd.	テレコミュニケーションの製造、販売、再販、およびシステムインテグレーション	67	現金	Avaya
8	28	LANNET	イーサネットおよび非同期伝送モード (ATM) スイッチングソリューション	115	現金	Avaya
7	28	MassMedia Communications Inc.	ISDN−ATM間の相互操作性ソフトウェアの開発	非公開		
7	14	SDX Business Systems plc.	ビジネスコミュニケーションシステム	207	現金	Avaya
5	29	Yurie Systems Inc.	ATMアクセスのテクノロジーおよび装置	1,060	現金	
4	20	Optimay GmbH	GSM携帯電話用ソフトウェア開発	64	現金	Agere
3	11	TKM Communications Inc.	コールセンターインテグレーション	非公開		Avaya
2	17	Hewlett-Packard's LMDS Wireless Business	ワイヤレスブロードバンドシステム	非公開		
1	23	Prominet Corporation	ギガビットイーサネットスイッチング製品	199	株式	Avaya
1997						
12	16	Livingston Enterprises Inc.	リモートアクセスネットワークソリューション	610	株式	
9	26	Octel Communications Corporation	音声、FAX、およびメッセージングテクノロジー	1,820	現金	Avaya
5	12	Triple C Call Center GmbH	コールセンターコンサルタントおよびシステムインテグレーション	非公開		Avaya
1996						
10	8	Agile Networks	データスイッチ装置	非公開		Avaya

(注) 1) 買収価格欄の斜体は推定。 2) 「OFS」は、古河電工に売却された光ファイバー関連の一部を示す。
(出所) 青木 (2002) 74頁より、一部筆者加筆・修正。

ていた。うち，コンシューマ向け事業部門は1997年10月にはフィリップ・コンシューマ・コミュニケーションズとして分離・独立させられていたので，ルーセントの組織構成の実質は，プロフィットセンターとして通信事業会社向け事業部門，一般企業向け事業部門，マイクロエレクトロニクス事業部門があり，それにコストセンターとしてのベル研があるというものであった。

これら3事業部門は，本部と一体となって積極的に企業買収を進めるものの，光伝送装置分野の低迷に象徴される成長率の鈍化と株式市場からの酷評によって，2000年10月に一般企業向け事業部門をAvaya（アバイヤ）として，2001年3月にはマイクロエレクトロニクス事業部門をAgere Systemsとして分離し，さらに同年8月にオクラホマとオハイオの工場をカナダのCelestica Corporationに，11月には光ファイバー関連を古河電工に，12月にはパワーシステム関連をTyco Internationalにそれぞれ売却している。またそれらに応じる形で，**表3-2**の買収先も分離・売却されていった。

なぜこうした事態を招いたのかといえば，ルーセント本体，とりわけ通信事業会社向け事業部門のビジネスモデルに起因するところが大きい。ルーセントとして独立した際，その顧客の大半は，いわゆるベビーベル（1984年のAT&T分割時に切り離された地域電話会社）であった。加えて，1996年の通信法規制緩和に伴って設立された新興通信企業が新規顧客となった。それらには，ルーセントが開発した，1台数億円もするデジタル交換機5 ESSを販売することができたし，販売台数も年30％の成長が見込めると考えられていたのである。それゆえ，資金力に乏しい新興通信企業に対しては機器購入のためのファイナンシングまで行い，顧客企業を囲い込んでいった。

こうした状況下で、交換機ビジネスを捨て去ることなど、ルーセントにおいては選択肢にすらならなかった。交換機ビジネスとインターネットビジネスを比べた場合、損益的には圧倒的に交換機が上だったのである。当時「OC-192問題」といわれるほどに非難された、光伝送装置の次世代技術開発が中止されたのは、NVGが設立されたのと同じ1997年のことである。これは、ベル研の研究者たちがより高速の光通信システムの必要性を感じてコードネーム・OC（オプティカルキャリア）-192の開発に成功するも、当時の経営陣によってこのシステムの開発が打ち切られたことを指す。

　しかしながら、このOC-192の開発中止は、本当に間違っていたのかといえば、疑問は残る。光伝送装置の雄・ノーテルにしても、2009年1月には、24億ドルの手元資金を残し、カナダ本社が企業債権者調整法に基づき法的保護を申請するのみならず、アメリカでも連邦破産法11条（日本の会社更生法に相当）の適用申請を行ったのである。同社は、法的管理下での再建を目指したものの、2011年8月に、ラドウェア、エリクソン、アバイヤ、日立製作所などに分割吸収される。ノーテルはノーテルで、以下に紹介するシスコに敗れた、というのが偽らざるところなのである。

　OC-192は、当時としては最新鋭の波長分割多重通信（WDM, wavelength division multiplex）のコードネームで、1本の光ファイバーで毎秒10ギガバイトの転送速度を実現するシステムであった（青木, 2002）。

4 シスコシステムズ（スピンイン型）

インターネットインフラの雄

　企業向けLANにおける通信機器ベンダーとして出発し，今では通信事業者（キャリア，ISP）向け通信機器分野でもグローバルにそのシェアを誇っているのが，シスコシステムズである。スタンフォード大学にコンピュータオペレータとして勤務していたレン・ボサックとサンディ・ラーナーが，学内でのコンピュータ通信ニーズをもとに，マルチプロトコルルータ（異なるネットワークプロトコルを使用するWANネットワークにおいて，相互通信を行うための装置）をはじめて製品として開発し，それをもとに1984年にカリフォルニア州サンノゼ（サンフランシスコから車で約1時間）に会社を設立した。社名であるシスコシステムズはサンフランシスコの略称・シスコから来ており，会社ロゴはサンフランシスコの象徴であるゴールデンゲートブリッジを表している。

　1990年にNASDAQにてIPOを果たし，98年には史上最短の創業14年目で時価総額1000億ドルを突破する。ITバブル期の2000年3月には時価総額は5000億ドルに達し，世界一の企業となった。その後，ITバブル崩壊により株価は暴落するが，2009年6月にはダウ平均株価採用銘柄となる。NASDAQ上場銘柄でダウ採用銘柄となったのは1999年採用のインテルとマイクロソフトに次いで3銘柄目であった。2012年以降も株価は堅調で，時価総額は1000億ドルを超えている。

　シスコには，CVCという部署は存在しないが，実質的にCVC業務を行っているのが，Corporate Development（CD，企業開発）

図3-2 シスコの買収状況

買収先の買取額

250百万ドル以下：74％（97社／131社）

横軸：買収額（百万ドル）、縦軸：企業数

- 50: 26
- 100: 27
- 150: 18
- 200: 19
- 250: 7
- 300: 3
- 350: 5
- 400: 2
- 450: 5
- 500: 2
- 550: 0
- 600: 1
- 650: 0
- 700: 1
- 750: 0
- 800: 3
- 850: 1
- 900: 0
- 950: 0
- 以上: 11

買収先の従業員数

150名以下：85％（101社／119社）

横軸：従業員数（名）、縦軸：企業数

- 50: 55
- 100: 32
- 150: 14
- 200: 4
- 250: 1
- 300: 5
- 350: 3
- 400: 0
- 450: 1
- 500: 0
- 550: 0
- 以上: 4

(出所) 崔 (2013)。詳しくは，シスコ・ホームページ (http://www.cisco.com/web/about/doing_business/corporate_development/index.html) を参照。

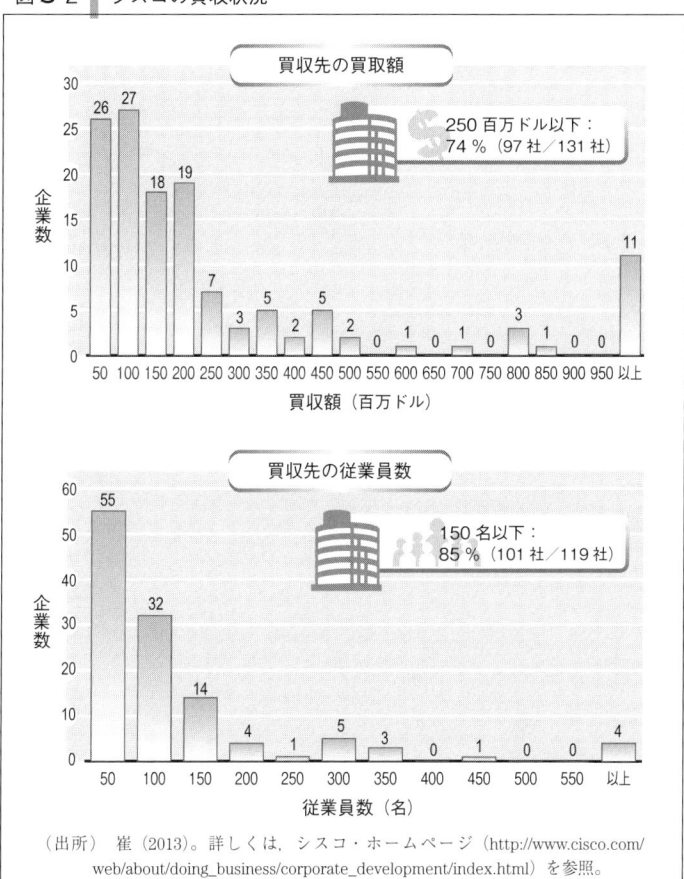

と呼ばれる部署で，Investment & Partnership（投資とパートナーシップ），Acquisition（買収），およびTechnology Group（技術グループ）の3つグループによって構成されている。CDは絶えずビジネス部門と連携を図りながら，外部リソースを活用すべく，

4 シスコシステムズ（スピンイン型）

オープンイノベーションを実践している。

シスコによる買収というと，2003年のリンクシス（コンシューマ向け無線LAN機器分野においてアメリカでトップの企業），06年のサイエンティフィック・アトランタ（セットトップボックスおよびエンドツーエンド映像配信ネットワーク，映像システムインテグレーション等を手かける），07年のウェブエックス・コミュニケーションズ（ウェブ会議サービスのグローバル市場で52％のシェアを占めるビデオ会議用ソフト大手），および09年のタンドバーグ（ビデオ会議端末のグローバル市場で41％のシェアを占める）等の大型案件が有名であるが，その買収の中身をつぶさに調べると，意外なことが明らかになってくる。

図3-2の金額および買収先の従業員数から明らかなように，シスコは比較的小規模なベンチャー企業を買収している。シスコの場合，買収時にはキャッシュを用いず株式交換の方法を用いることが一般的であるので，発行株式数の増大に伴う株価の低下（株主持ち分の希薄化）を避ける措置とも考えられるが，技術のいわゆる「青田買い」的側面があることは否めない。

では，どういう技術を買収しているのか。その典型例が，1993年に買収した小型スイッチメーカー，クレッシェンドである。株式公開後，シスコは，ルータに代わるスイッチ市場の隆盛に脅威を覚える。シスコはすぐさま社内にL2（Layer 2）スイッチを開

---

*ルータとスイッチは，データ転送ということからすれば，同じ機能を担うが，その役割は根本的に異なる。ルータが，WAN（wide area network，いわゆるインターネット網）においてLAN（local area network）間の通信を担うのに対して，スイッチは，LAN内におけるデータ転送を行う。データ転送は，第1層の物理層から，第2層リンク（MAC）層，第3層ネットワーク（IP）層，第4層トランスポート（TCP）層，第5層セッション層，第6層プレゼンテーション層，第7層アプリケーション層によって構成されており（国際標準化機構制定），初

発するチームを設立するが,これだけでは市場参入に遅れる可能性があると考え,スイッチ専業メーカー,クレッシェンドの買収に踏み切ったのである。買収額は8900万ドルで,旧クレッシェンドには彼らのビジネスモデルをそのまま継承させて,スイッチの開発を急がせた。

この買収が示唆することは,①単に自社の製品を「補完」する

> 期の LAN 構成では,第2層までをスイッチが,第3層までをルータが担っていた。したがって,スイッチといえば L 2(Layer 2)スイッチが標準的であった。
> 他方ルータは,ネットワーク層での通信の経路選択および中継作業を担当し,WAN においては,通信先のルータを探索しデータ転送するとともに,LAN においては,データパケットをスイッチに転送する機能を担っていた。LAN 間通信を実現するために,トークンリング,イーサネット,FDDI(fiber-distributed data interface)等の L 2 通信メディアと,L 3 ネットワーク層プロトコルの AppleTalk や NetWare(IPX〔internetwork packet exchange〕/SPX〔sequenced packet exchange〕)を,L 2 で動作するフレームリレープロトコルに適合させる仕組みが必要であり,その役割を担っていたのがルータである。それを受けてスイッチがサーバやパソコンにデータパケットを配信していた。
> このように,初期の LAN においては,ルータとスイッチは機能的な棲分けができていたが,イーサネット規格のデファクトスタンダード化,高速化,それに低価格化によって,L 2 だけに安価につながればよいという発想から L 2 スイッチ市場が急拡大し,ルータ市場を侵食し始めた。LAN の規模(利用)拡大とそれに伴うセグメント化,さらには VLAN(仮想 LAN)技術によって,LAN 側トラフィックが急増し,結果セグメント間ネットワーク層のルーティング(フィルタリング)がボトルネックとなった。そこに登場したのが,L 3 スイッチである。L 2 スイッチにフィルタリング機能を付加させ,通信プロトコルを TCP/IP に限定することによって,コスト低減が可能となり,また光回線上にイーサネットを取り入れた広域イーサネットや,IP-VPN といった次世代の WAN 側サービスと合致したため,L 2,L 3 スイッチの需要が高まることとなり,ルータ市場は,スイッチ市場にますます侵食されるようになった。
> 今日ルータといわれる製品の機能特性は,①世界中のネットワークの経路情報を有する「フルルート」機能,②異なるネットワークサービスを多重化する「トンネル」機能,③イーサネットだけでなく他の伝統的な「回線接続」(T 1,E 1 等の専用線や ISDN 回線向け)機能,と定義され,そのいずれかを備えていると,ルータと呼ばれる。もっとも家庭用のインターネット通信機器はブロードバンドルータと呼ばれるが,機能的にはスイッチである(技術内容については,株式会社日立製作所情報・通信システム社通信ネットワーク事業部ネットワークグランドデザイン本部担当本部長,池田尚哉氏からアドバイスをいただいた)。

4 シスコシステムズ(スピンイン型)

技術だけでなく,「代替」する可能性のあるものをも買収すること,②市場の下位セグメントに位置するベンチャー企業を買収していること,の2点である。①については,ルーセントとは明らかに異なる。ルーセントが自社製品を補完する技術だけを買収の対象としていたのに対して,シスコは,代替する可能性があるものまでを念頭に置いている。また②が,イノベーションのジレンマ問題を考える上で示唆に富んでいる。

ルーセントは,クレッシェンドのブランド名は残し,彼らに自由に開発させた。そして自社のルータ市場が侵食されるようなことがあっても,ルータ部門とスイッチ部門を競合させた。これにより,ルータ部門は,スイッチではできない技術を開発し,それをスイッチ部門がまたもや取り入れ,相互に切磋琢磨することによって,インターネット通信機器の両輪として発展していった。シスコの売上げに占めるスイッチとルータの比率は,それぞれ40％と23％になっているのである(シスコ・アニュアルレポート,2012年7月)。

スピンイン

ルーセントとシスコは,同じく通信機器を製造販売する企業であるが,一方は主に通信事業者(通信キャリア＝電話会社, ISP)向けの交換機やハイエンドのコアルータを扱い,社歴こそ分割の関係から浅いがその源流は老舗巨大企業AT&Tにあるのに対して,他方は企業向けのエッジルータを主力製品とするベンチャー企業であった。それゆえ, CVCの活用方法も,ルーセントが社内にある技術資産のスピンアウトを念頭に置いていたのに対して,シスコはもっぱら技術の買収,有り体にいえば社内で研究開発する代わりに外部の研究開発成果を買い取っていたのである。

事実，シスコの買収方式には「スピンイン」というものがある。新たに製品化したいアイデアがあっても自社に開発リソースがない場合，まずベンチャー企業を探索するが，それでもめぼしいものが見つからない場合には，アイデアの発案者等をCEOに仕立てVCからの投資を受けていったん会社を設立させ，シスコとCEOそれにVCとの間で事業計画をすり合わせ，あらかじめ定められた期間内に定められた機能が実現された場合には，定められた額でシスコが買収するというオプション契約が結ばれる。それが，スピンインである。

　この方法をとれば，シスコにとっては，外部VCの資金と人材ネットワークをフルに活用し，製品開発リスクを極力抑えられるだけでなく，ベンチャー企業とVCにとっても，製品開発目標とスケジュールがはっきりするのみならず「出口」も確約されているので，モチベーションが高まることになる。ただ，買収額の算定には，当該製品がどの程度の売上げ規模と利益をもたらすことになるかを計算しなければならず，これはグローバルに展開されたシスコの販売網があって，はじめて可能となる。

　このように，スピンインオプションは，サンフランシスコのベイエリアやシリコンバレーという，大学，ベンチャー企業，VCが集積したエリアにおいて，シスコという巨額の時価総額とグローバルに展開された販売網を有する巨大企業によって，はじめて可能になる方式であり，ほかでそう簡単に模倣できるものではない。むしろルーセントNVGのほうが一般的とさえいえる。以上を踏まえて，CVCプログラムがイノベーションのジレンマ問題解決の一助になりうるにはどうすればよいかという観点から，次節ではCVCマネジメントのあり方について検討を加えることにしよう。

5 CVCのマネジメント

パートナーシップ

図3-3から窺えるように,アメリカ・National Venture Capital Association（NVCA）の調べ（2012年）によると,ベンチャー投資に占めるCVC投資の比率は,金額ベースにしても,件数ベースにしても無視できない割合になっている。同調査では,CVCは,企業内の一部門として設置される場合が全体の73％を占め,子会社として設置されることもあるという（25％）。資金構成については,企業全体としてファンドを構成する場合が大半の78％を占めるが,中には事業部門単独でのCVC設置・ファンド組成といったケースもある（5％）。ただ,これは事業部門の独立性がよほど高い場合においてのみ生じることであろう。

投資方法としては,CVCがそのファンドから直接ベンチャー企業に投資する場合もあれば（59％）,直接投資は行わず専業VCのファンドに投資して,間接的にベンチャー企業に投資する場合もあるが,後者の比率は2％ときわめて低い,直接投資と間接投資を織り交ぜて投資する比率は,全体の39％である。間接投資を行う主な理由は,専業VCの運用方法,投資案件,技術トレンド,人的ネットワーク等の情報・知識を得るためであると考えられる。

他方,VCも,CVCとのコンタクトを求め,シスコ流のスピンインに限らず,CVCのスピンアウト案件にも投資する。市場動向や技術トレンドの入手先として,投資先ベンチャー企業の技術の販売先として,あるいはベンチャー企業の商品を販売するた

図 3-3　CVC 投資トレンド

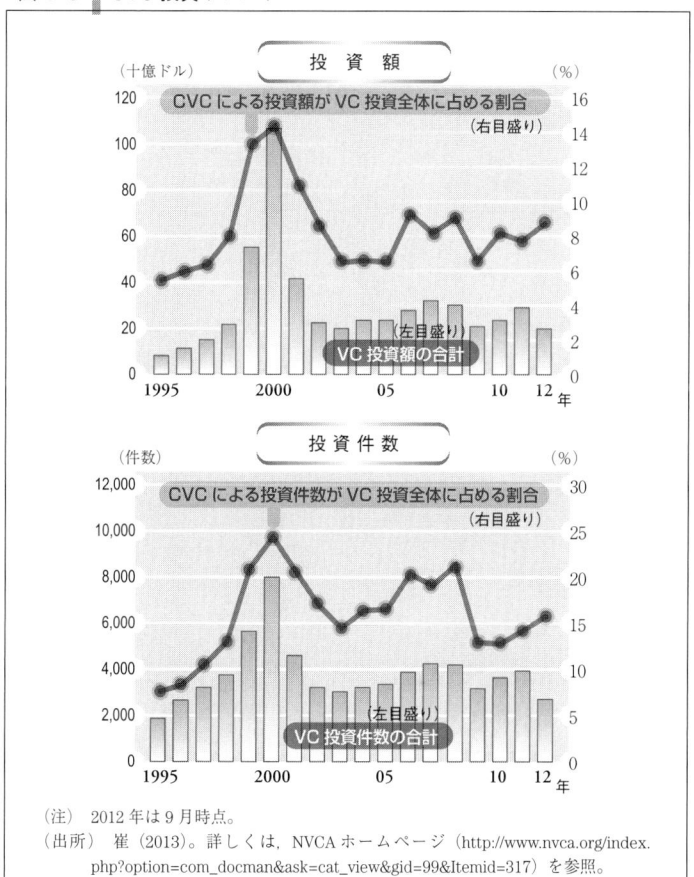

投　資　額

（十億ドル）／（％）

- CVC による投資額が VC 投資全体に占める割合（右目盛り）
- VC 投資額の合計（左目盛り）

1995 ― 2000 ― 05 ― 10 ― 12 年

投　資　件　数

（件数）／（％）

- CVC による投資件数が VC 投資全体に占める割合（右目盛り）
- VC 投資件数の合計（左目盛り）

1995 ― 2000 ― 05 ― 10 ― 12 年

（注）　2012 年は 9 月時点。
（出所）　崔（2013）。詳しくは，NVCA ホームページ（http://www.nvca.org/index.php?option=com_docman&ask=cat_view&gid=99&Itemid=317）を参照。

めのチャネルとして，さらにはベンチャー企業そのものの買い手として，CVC の背後にいる本体を見ているのである。要するに，CVC と VC は，技術，商品，企業，人材のブローカーであり，おおよそ CVC が本体の R&D 部門あるいは事業部門の窓口であるの

5 CVC のマネジメント

に対して、VCはベンチャー企業、大学、研究所の窓口といえよう。したがって、チェスブローの比喩にならえば、ポーカーのパートナーになることもあれば、ライバルになることもあるわけだが、いずれにせよ、それらは技術と市場の不確実性と不連続性を熟知しているので、チェスのようなゲームの進め方はしない。「勝てる」カード（人材や技術）を引き当てることに賭けるのである。

市場の見極め

ここで、1つシミュレーションを行ってみよう。もし、ルーセントNVGの設立後、そのミッションが順調にこなされていた時期に、NVGがOC-192に遭遇していたならば、どうなっていたであろうか。NVGがスピンアウトさせていたかもしれない。あるいは、他のVCも巻き込み、次世代の光速通信を実現するというバリュープロポジションのもと、光伝送装置およびそのシステムの製造販売会社として、製品を完成させていたかもしれない。

しかしながら、チェスブローのビジネスモデル論からすれば、問題となるのは、マーケットセグメント、すなわちターゲットとすべき顧客である。OC-192の場合、その顧客は長距離通信事業会社あるいは大手ISPといったところであろう。マーケットセグメントでいえば、スーパーハイエンドの領域である。この領域にベンチャー企業として参入できるだろうか。ベンチャー企業であるから、間接費は少なくて済む。しかし、ハイエンド領域での信用が得られるかどうかは不透明である。しかし、これについてはルーセントとNVGが後ろ盾になって、何とかクリアできたとしよう。また、バリューネットワークについても同様であったとしよう。

最終的に問題となるのは、市場としての成長性である。光伝送

装置についていえば、クリントン政権下のゴア副大統領によって提起された「情報ハイウェー構想」があった。この構想を実現するための公共投資によって、市場規模は、2000年には通年で77億ドルにまで膨れ上がったが、投資一巡後はすぐに18億ドルまで落ち込み、12年に80億ドルに戻すまで、実に12年もの月日がかかっている。回復の過程では、2001年からの数年間はほぼ横ばいで推移し、その後、2次曲線的に増加傾向になった。このためかどうかは定かではないが、この分野のトップブランドであったノーテルは、先に述べたように、2009年に会社更生法の適用を申請するものの、分割・売却された。逆に、2012年時点では、DellOro Group の調査によるベンダーランキングの上位は、ファーウェイ、シエナ、アルカテル・ルーセント、富士通、NECとなっており、ノーテルによってアルカテルとの合併にまで追い込まれたルーセントが皮肉にも第3位にまで復活してきている（詳しくは、http://www.lfw-japan.jp/news2012/news_20121129_03.html を参照）。

市場の成長性の見極めは非常に難しい。たとえ、その技術が画期的であったとしても、その技術を今求める顧客が存在するのか否かの見極めが難しいだけでなく、成長が持続するかが見極めにくいからだ。OC-192 のような技術の場合、CVC としては、まず見極めなければならないことは、当該技術が実装される製品のマーケットセグメントが、ハイエンドであるか否かである。ハイエンドでの利用が予想される場合、市場の成長性はあまり期待できない。成長するにしても、長い時間を要する。技術ライセンスを模索したほうが賢明である。

市場がハイエンドではないにせよ未知の場合、スピンアウトさせたいのであれば、他の VC と連携を密にとらなければならな

5 CVC のマネジメント

いであろう。むしろ他のVCが参加するシンジケートを組成できないのであれば、スピンアウトは諦める、と考えてもよいくらいである。スタートアップファンディングは控えめにし、開発に向けてのマイルストーンを明確にした上で、実現できれば追加投資、というスタンスのもとに、常に売却先を模索する必要があるだろう。

売却先には、2種類あって、他社か自社かである。自社の場合とは、現在の自社製品を補完する、あるいは代替（競合）する可能性が高くなってきた場合、買収によって、自社製品強化のために活用するということである。とりわけ、代替（競合）の場合は重要で、既存自社製品との間の健全な競争を通じて、イノベーションのジレンマ問題の解決につなげるだけでなく、自社に新たなビジネスモデルの展開を可能にする。

次に、開発過程におけるマーケティングのポイントとしては、いわゆるホールプロダクト（完成品）の開発を目指さないことである。独立したシステムとしての製品開発を目指せば、時間を要するだけでなく、完成できたとしても、必ず既存製品とのバッティングから競合局面が待っている。むしろ、既存の製品システムに組込み可能な部品の開発を目指すべきで、その部品は、他の部品に干渉を及ぼさないことが望ましい。

1980年代後半から90年代にかけて、シリコンバレーで、ドットコマーズブームが起きたが、その大半は、ソフトウェアやアプリケーションの開発企業であった。ソフトやアプリは、製品システムへの組込みが容易で、ほかに干渉を及ぼさないからだ。あるいは、創薬系バイオベンチャーの成果も、知的財産権であり、創薬プロセスへの組込みが容易であるので、ライセンスのみならず、企業買収がさかんに行われているのである。

補完と代替

以上がCVCにとってのスピンアウトプログラムでの留意点であるとすれば、次に明らかにしておかなければならないのは、他社等の補完技術と代替技術の取扱いである。チェスブローがいうように、既存の自社製品があって、それらを補完あるいは拡張する技術・製品である場合、CVCとしての投資も行いやすい。既存事業部において、製品開発上の技術課題があるならば、CVCはそれを解決する技術を企業や大学に求め、技術提携（ライセンス）、資本提携、買収を行えばよい。あるいは、自社の既存製品とシナジー効果が期待できるような製品があれば、CVCとしては同様のことを行えばよい。ただ、その際ポイントになるのは、そうした技術情報を獲得するための人的ネットワークの構築であり、そのためには、前々項で触れたように、CVCは間接投資を通じてVCと密にコンタクトをとっておく必要がある。

難しいのは、代替技術である。CVCが代替技術を有するベンチャー企業に投資しようとした場合、ベンチャー企業あるいはリードVCがそれを拒絶する、あるいは投資を受け入れたとしても限られた技術情報だけを提供し、そのことがひるがえってCVC側における投資の過小評価につながり、双方が疑心暗鬼に陥るということが多い（Dushnitsky and Shaver, 2009）。たしかにベンチャー企業にしてみれば、代替技術の内容を熟知され、それが投資元の既存製品に組み込まれてしまえば、元も子もなくなってしまう（アイデアや技術に関する、いわゆるイノベーション市場における売買と仲介については、次の第 **4** 章と補論で紹介する）。

それを避けるため、CVCとしては買収というオプションもあるが、単なるベンチャー企業へのエクイティ投資に比べて、買収となれば格段に投資額は跳ね上がる。その辺りをうまく処理して

いるのがシスコということになるのであるが，つまり同社は，巨額な時価総額を背景に，初期においては現金による少額のエクイティ投資を行いつつ，成長が期待できるとなると自社株との交換によってベンチャー企業を買収しているのである。

株式交換による買収というオプションも1つであるが，イノベーションのジレンマ問題の解決という観点に立ち返れば，筆者にしてみれば，別の解決策がありうるように思われる。第2章で再三繰り返したように，イノベーションのジレンマは，メインストリーム市場とは別の，とるに足りないニッチ市場から発現する。メインストリームからすれば，機能も限定された「安かろう，悪かろう」の製品から始まるのである。しかし，その機能のもとでの顧客価値を最大化するために，コストは徹底的に抑えられているため，売価は安い。そういうニッチ分野での技術・製品を探すことがまず何より重要であろう。

自社製品が属するメインストリーム市場の近傍にあるニッチ分野でのベンチャー企業を発見することができれば，その企業の動向をモニタし，評価が高まれば，少額のエクイティ投資を行えばよい。そしてモニタの結果，本当に期待できるとなれば，買収すればよいのである。

組織マネジメント

以上がCVCの活動指針であるとすれば，最後に片づけなければならないのは，本体とCVCとの関係およびCVC組織のマネジメントである。ルーセントのケースから判明したように，同社の失敗は，本体事業部とCVCとの投資に関する不調和が最大の原因であった。事業部門は事業部門独自の判断で補完あるいはシナジー技術（企業）を買収し，NVGはベル研の技術資産の有効利用

だけに努めていた。これでは，イノベーションのジレンマを解決するためのオープンイノベーション戦略が有効に機能しているとはいいがたい。

　本体とその事業部門は，投資決定について，CVCと密に連携をとるべきである。CVCの使命は，事業部門の技術課題の克服，開発アウトソーシング，技術提携，資本提携，買収等，多岐にわたる。そのためCVCは，専業VC，ベンチャー企業，大学，研究所等との連携を密にし，さまざまなビジネスモデルを学習している。そうした学習は，既存の事業部門に新たなアイデアや技術開発の可能性を吹き込むことにつながる。したがって，本体事業部は，積極的にCVCを活用すべきなのである。

　その際，CVC組織におけるマネジメント上の留意点がある。1つ目は，トップマネジメントのCVCの捉え方である。経営トップは，ややもすれば，CVCを通じてのベンチャー投資を，主要ビジネスが芳しくなくなった場合に備える保険のように考える傾向があり，CVCの使命を明確にしていないことが多い（Peterson and Berger, 1971）。その場合，本体の業績が悪化した場合に，CVC投資が中止されることが多々ある。事実，NVGもルーセント本体から売却された。また，ベンチャー企業の成長にはおおよそ8年から12年の時間がかかることが一般的であるにもかかわらず，投資判断は3年，長くて5年の期間で急がれる傾向にある（Biggadike, 1979）。したがって，トップマネジメントは，CVCの使命を明確に定めた上で，独立性を確保し，その意思決定を尊重しなければならない。

　2つ目は，CVCメンバーのモチベーション管理である。**図3-4**の左図に示したように，CVC組織は，社内の人材と社外から新たに雇い入れた人材との混成チームになる傾向が強い（66%）。

図 3-4　CVC における人材と報酬

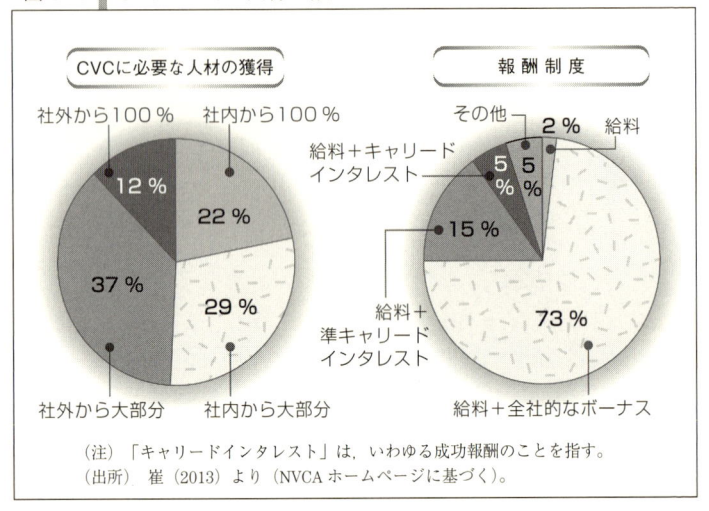

CVCに必要な人材の獲得
- 社外から100％：12％
- 社内から100％：22％
- 社内から大部分：29％
- 社外から大部分：37％

報酬制度
- その他：5％
- 給料：2％
- 給料＋キャリードインタレスト：5％
- 給料＋準キャリードインタレスト：15％
- 給料＋全社的なボーナス：73％

(注)「キャリードインタレスト」は，いわゆる成功報酬のことを指す。
(出所) 崔 (2013) より (NVCA ホームページに基づく)。

社内における報酬制度との整合性の観点から，図 3-4 の右図のような報酬制度にならざるをえないのかもしれないが，これでは人材流出のリスクは避けられず，有能な人材を取り入れるのには限界がある (Block and Ornati, 1987；Chesbrough, 2000)。

一般のベンチャーキャピタリストは，ファンド総額の 3％程度を年間管理報酬として，リターン総額の 25％程度を成功報酬として受け取っている。CVC でも，これに呼応する形で，給与が年間管理報酬部分，ボーナスが成功報酬にあたるとされているのであろう。インテルのようにファンド規模が大きければ，CVC を子会社として独立させて専業 VC に準ずる方式での運営も可能かと思われるが，ファンド規模が大きくない場合にはそれもなかなか難しいであろう。しかし，モチベーション管理を充実しなければならないことは確かなようである。

参考文献

青木雅生（2002），「ベル研究所における研究開発成果の実現方法と企業経営——1996年AT&T3分割後のルーセント・テクノロジーズにおいて」『立命館経営学』第41巻第3号，69-85頁。

Biggadike, R. (1979), "The risky business of diversification," *Harvard Business Review*, vol. 57, no. 3, pp. 103-111.

Block, Z., and Ornati, O. A. (1987), "Compensating corporate venture managers," *Journal of Business Venturing*, vol. 2, no. 1, pp. 41-52.

Chesbrough, H. (2000), "Designing corporate ventures in the shadow of private venture capital," *California Management Review*, vol. 42, no. 3, pp. 31-49.

Chesbrough, H. W. (2002), "Making sense of corporate venture capital," *Harvard Business Review*, vol. 80, no. 3, pp. 90-99.

Chesbrough, H. W. (2003), *Open Innovation: The New Imperative for Creating and Profiting from Technology*, Boston: Harvard Business School Press.（チェスブロウ，H. 著／大前恵一朗訳『OPEN INNOVATION——ハーバード流イノベーション戦略のすべて』産業能率大学出版部，2004年）

Chesbrough, H. W. (2006), *Open Business Models: How to Thrive in the New Innovation Landscape*, Boston: Harvard Business School Press.（チェスブロウ，H. 著／栗原潔訳／諏訪暁彦解説『オープンビジネスモデル——知財競争時代のイノベーション』翔泳社，2007年）

Chesbrough, H. W. (2011), *Open Services Innovation: Rethinking Your Business to Grow and Compete in New Era*, New York: John Wiley and Sons.（チェスブロウ，H. 著／博報堂大学ヒューマンセンタード・オープンイノベーションラボ＝TBWA＼HAKUHODO監修・監訳『オープン・サービス・イノベーション——生活者視点から，成長と競争力のあるビジネスを創造する』阪急コミュニケーションズ，2012年）

崔恩瑛（2013），「イノベーション創出におけるコーポレート・ベンチャー・キャピタルの役割に関する一考察」平成24年度大阪大学大学院経済学研究科修士論文。

Dushnitsky, G., and Shaver, M. (2009), "Limitations to interorganizational knowledge acquisition: The paradox of corporate venture capital," *Strategic Management Journal*, vol. 3, no. 10, pp. 1045-1064.

Grindley, P. C., and Teece, D. J. (1997), "Managing intellectual capital: Licensing and cross-licensing in semiconductors and electronics," *California Management Review*, vol. 39, no. 2, pp. 8-41.

『日経ビジネス』2001年2月5日, 54-58頁,「誤算の研究 米ルーセント・テクノロジーズ (世界最大の通信機メーカー)」。

Peterson, R. A., and Berger, D. G. (1971), "Entrepreneurship in organizations: Evidence from music industry," *Administrative Science Quarterly*, vol. 16, no. 1, pp. 97-107.

Scherer, F. M., and Harhoff, D. (2000), "Technology policy for a world of skew-distributed outcomes," *Research Policy*, vol. 29, no. 4-5, pp. 559-566.

第4章

プラットフォームリーダーシップ

継続的革新のための社会的装置を作る

Introduction

　第3章で取り上げた CVC は，イノベーションのジレンマを解決する1つの手段であるが，相対取引で展開されるため，リスクファクターは必ず残る。それを削減する仕組み作りが，プラットフォームリーダーシップ戦略（PLS）である。プラットフォームの概略的な定義は，それに拠って立つことによって，もともとは独立したイノベーションであったものが，他のイノベーションをも引き起こし，すなわち異なるイノベーションの共鳴・共振を生じさせ，関連する技術・製品の需要を押し上げる技術，規格，あるいは社会的装置のことをいう。要するに，プラットフォームによって，技術・製品のエコシステム（生態系）が形成され，エコシステム内で発生したイノベーションを通じてシステム全体が活性化され，その社会的価値が高まる，というものである（詳細は後述）。

　クリステンセン自身は，プラットフォームという用語を用いていないが，戦略的提携のある種の取組みによって，技術あるいは製品需要が押し上げられる効果があることを指摘している（Christensen, 1997）。他方，チェスブローは，『オープンビジネスモデル』（Chesbrough, 2006）において，最も進化したモデルがプラットフォーム型であるとしている。そこで以下，IBM およびインテルを取り上げ，PLS がいかなる戦略であるのかを紹介し，それを踏まえて，垂直的統合型産業として今も成長を続ける製薬産業において，PLS がどのように進展しつつあるのかに関し，イーライリリーを中心に事例紹介する。

1 IBMの知財戦略

モジュラー型開発の帰趨

垂直的統合型企業の雄であったIBMは、その企業価値を最大化したメインフレームコンピュータ、システム360の開発と市場投入（1964年4月）の帰趨から、40年後には、レノボ・グループ（聯想集団）へのPC部門売却（2004年12月）に象徴される、事業領域の選択と集中に伴う大規模なリストラクチャリングを余儀なくされた。そして、一般消費者市場からは全面的に撤退し、企業向け機器（主にサーバやストレージ）、IT部品（主にチップ）、ソフトウェア、システムインテグレーション、およびそれらに付随する各種ソリューションサービスへと事業領域をシフトさせ、同時にビジネスモデルを大幅に変更した。

なぜ、システム360開発が、やがてIBMにビジネスモデルの転換を迫ることになったのか。それは、システム360においてはじめて、ソフト資産の世代間互換を確保するために、IBMがモジュール（モジュラー）型開発を導入したからである。いわゆる統合型のインテグラルな製品開発では、新製品を投入するたびに全体アーキテクチャ（設計図）を再設計しなければならない。これだと、その都度、最適の部品、OS（基本ソフト）を開発し、そのもとで操作可能なソフトウェアを投入しなければならなくなる。

ユーザーにしてみれば、ソフト資産を次世代に活かすために互

> IBMは6億5000万ドルの現金と6億ドル相当のレノボの株式（優先株、議決権なし）を受け取り、レノボ株式の18.9％を所有して第2位の株主となった。同時に、PC部門の負債総額約5億ドルがレノボに引き継がれた。

換コストを負担するのみならず、システム1台当たりの購入単価も高くなる。これでは買替え需要の低迷を招き、メインフレーム市場の隆盛は望めない。そうした判断から、IBMはインテグラルなアーキテクチャを捨て、クローズドながらもモジュラー型のアーキテクチャを採用し、コスト削減とソフト資産の世代間互換を可能にした。これにより、メインフレーム市場はこのシステム360の独擅場となり、IBMは急速に成長する。モジュラー型の製品開発は、コンピュータ産業において、ごく一般的となった。

こうした開発スタンスをさらに変化させたのが、IBMによるPC開発であった。アップルのパーソナルコンピュータが発売されて以来、IBMユーザーたちもパソコンを求めるようになり、自宅でも仕事ができるパソコンの開発をIBMに迫った。こうした状況に、IBMは即座に対応した。

1979年、IBMはアップルに対抗する新しいPCを開発するために、フロリダ州ボカラトンにチームを招集した。自社所有技術の利用というIBMの一般規定に拘束されていなかったこのチームは、市販のインテル8088マイクロプロセッサ（8ビット）と、マイクロソフトのMS-DOSをOSとして採用し、1981年にPC（model 5150）を、83年にはPC/XTを開発し販売した。そして翌1984年には、16ビットバス対応のPC/ATが市場投入される。こ

> バスとは、コンピュータ内部で各回路がデータをやり取りするための伝送路のことをいい、複数の信号線で同時に複数のビットを転送するパラレル方式でデータ転送され、1回の転送で同時に送れるデータの量は「バス幅」（bus width）と呼ばれ、8ビット、16ビット、32ビット、64ビット等がある。バスには大きく分けて、CPU内部の回路間を結ぶ内部バス、CPUとRAM（ランダムアクセスメモリ）などの周辺回路を結ぶ外部バス、および拡張スロットに接続された拡張カードとマザーボードを結ぶ拡張バスの3種類がある。詳しくはIT用語辞典「e-Words」（http://e-words.jp/w/E38390E382B9.html）を参照されたい。

1 IBMの知財戦略

のATバスは、その拡張性のゆえに、コンパック等競合他社がリバースエンジニアリングを行い、やがてオープンな業界標準アーキテクチャ（ISA）バスとして定着していった。この結果、IBMの意図とはまったく関係なく、IBM互換機ビジネスが出現したのである。

互換機ビジネスは、IBMクローン（模倣）機をコモディティ化していった。IBMもOSや搭載ソフトウェアでの差別化を図ろうとするものの、セットメーカーとしての優位性は薄れ、PC産業におけるパワーは、マイクロソフトおよびインテルといったかつての部品ベンダーへと移っていった。オープンなモジュラー型アーキテクチャが、IBMをコモディティ化の波に引き込んでしまったのである。

ビジネスモデルの転換

IBMは、1992年第4四半期に税引後49.6億ドルという大赤字を出した後、ルイス・ガースナー新CEOのもとで、新たなビジネスモデルの構築を急いだ。簡単にいってしまえば、機器システムメーカーのIBMから、企業顧客が求める「ソリューション・プロバイダー」としてのIBMへの転換であった。ルータ、スイッチといった通信機器はもちろんのこと、2004年には、前述の通りレノボにPC部門をも売却した。その代わり、グループウェアやERP（エンタープライズリソースプランニング）等のソフトウェア、ネットワークソリューション、ビジネスコンサルティング、クラウドサービス等を買収によって強化した。ソリューションの観点から優位性があると思われる機器（サーバやストレージ）については保持し、性能面よりもサービス面での開発強化を図った。

原料・部品分野での合理化も徹底した。競争力のない分野は他

社に売却し，他方，競争力がある分野では，完成品の競合メーカーであったとしても原料・部品を供給することによって，規模の経済性からコスト競争力を高めた。アップルへの2.5インチHDDのOEM供給だけでなく，HDDの心臓部であるMR（磁気）ヘッドをHDD競合他社に販売したのは，その典型例であるが，それだけではない。半導体工場の稼働率を上げるために，他社の半導体生産の受注さえも行ったのである。

ハードウェアにおけるコスト削減とサービス強化，加えてソフトウェアの充実と活用，これらが新生IBMの戦略指針であった。このうち後者については，単に開発したソフトウェアの販売強化を狙ったものだけではなく，IBMが有するソフト資産（主に特許権）の積極的な活用が含まれている。

その典型例が，1997年に社内に設立され，2000年にベンチャーキャピタル（VC）のインターネット・キャピタル・グループとの投資シンジケーションによって，デルフィオン（Delphion）としてスピンアウトされた特許等検索サービスである。周知のように，アメリカ特許庁がウエブ上に開示する特許情報の使い勝手は悪い。この公共データベースを，ユーザーフレンドリーに，より検索しやすく，また多面的に検索できるようにしたのが，デルフィオンなのである。

この特許検索サービスによって一番恩恵を受けるのがアメリカにおける特許保有件数1位を走り続けるIBMであることは，想像に難くない。技術課題を抱える企業にとって，あるいはクライアントが特許申請しようとしている弁理士にとって，使い勝手のよい検索サービスは，IBMにとっても特許使用許諾，クロスライセンス，知財係争回避等さまざまなメリット生むのである。以下で，その詳細を理論的観点から見ていくことにしよう。

1 IBMの知財戦略

技術と特許権

チェスブローによれば，図4-1に示されているように，企業が登録している特許権の保護範囲と，利用している技術領域とが異なることが一般的であるという（Chesbrough, 2006）。それは，特許の範囲を限定し，私的独占領域をできるだけ少なくしようとする司法上の配慮が国に働いているからである。

こうした不一致は，図4-2のような状況を出来させる。すなわち，利用している技術領域をすべてカバーする特許権を保有する第三者の登場を可能にするのである。図の上側「当事者1」の右側エリアでは，当事者1の利用領域は，当事者2の特許権の範囲を侵害している。他方，図の下半分における「当事者2」の左側エリアでは，当事者2の技術利用が，当事者1の特許範囲を侵害していることになる。

こうした状況を当事者双方が認識していれば，いわゆるクロスライセンスによって，相互に特許利用を許諾し合い無料で利用できるようにする，あるいは許諾料において過不足がある場合は，一方が他方に差額を支払うことによって，平和的に特許の相互利

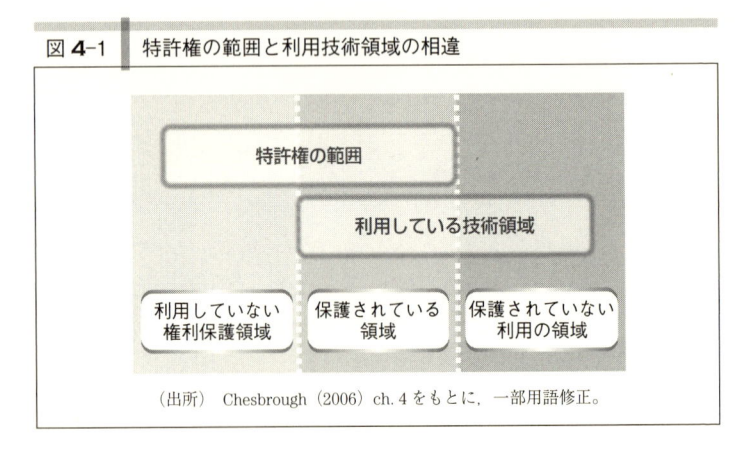

図4-1 特許権の範囲と利用技術領域の相違

特許権の範囲		
	利用している技術領域	
利用していない権利保護領域	保護されている領域	保護されていない利用の領域

（出所）Chesbrough (2006) ch. 4 をもとに，一部用語修正。

用を進めようとする。しかし，図4-3のような場合はどうなるのか。

当事者1は，利用技術領域において，当事者2の特許範囲を一部侵害している。他方当事者2は，自らの利用技術領域がないため，当事者1の所有特許に対する侵害はない。なぜなら，当事

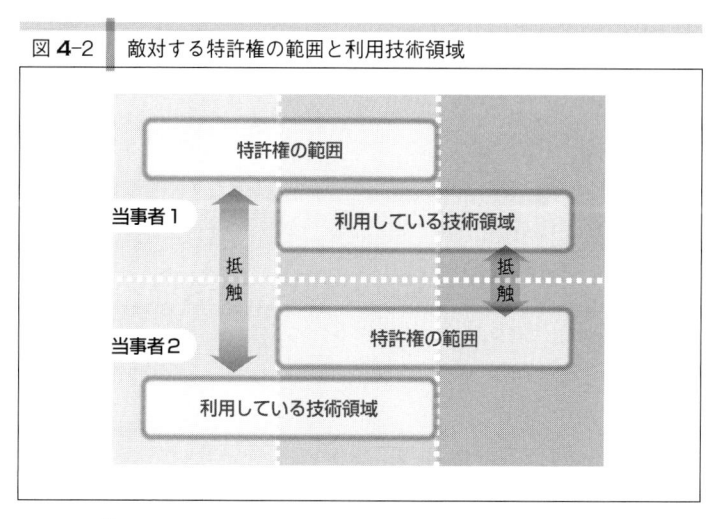

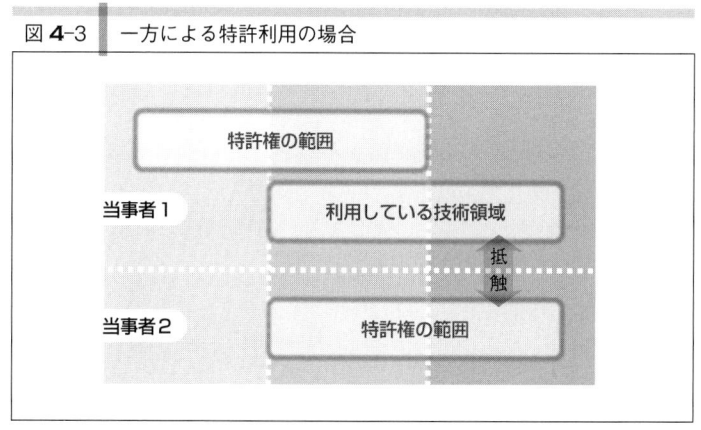

図 **4**-2　敵対する特許権の範囲と利用技術領域

図 **4**-3　一方による特許利用の場合

1　IBMの知財戦略

者2は，自らが拠って立つ特許を利用（製造・販売）していないからである。とすると，当事者1は2に対して，弱い立場に立たされることになる。この状況を回避するには，当事者2に特許使用料を支払うか，当該事業から撤退しなければならない。

この図4-2および図4-3の枠組みのもとで，IBMは知的財産権（知財）戦略を展開しているのである。自社が撤退した分野においては他社から特許使用料を受け取り（たとえば，通信機器分野ではシスコ等から，PC分野ではデルやレノボ等から），また部品生産・供給分野においてはクロスライセンスを付加価値として提供している。後者については，半導体における受注生産がその典型例であろう。IBMに発注する企業にしてみれば，他社を利用するよりも割高かもしれない。しかしながら，IBMであれば，もし万が一業界大手のインテルあるいはARM等の製法特許と抵触する箇所があったとしても，そのクロスライセンスの豊富さのゆえに，それらから訴えられるリスクを相当減少させることが可能になる。要するに，発注企業にとっては，IBMの知的財産権が「保険」の役割を果たしているのである。

IBMのプラットフォーム

「ソリューション・プロバイダー」としてのIBMで，ソフトウェア・特許権等を含む知的財産権がドライバとなって企業の成長を牽引していることは上述の通りであるが，ではそれがプラットフォームかどうかということについては，検討を加える必要がある。筆者がイメージするプラットフォームとは，構造的には，それに拠って立つモジュラー（ユニット）間は相互独立的（依存していたとしてもある種のインターフェースを通じて特定のコミュニケーションが行われる程度）であるものの，直接的あるいは間接

的に相互にシナジー効果が及ぶとともに，ユニット数の増大にはネットワーク効果（参加者の数が増えれば増えるほど，ネットワーク自体の社会的価値が高まる）も確認できる，というものである。

　IBMの場合，仮にその知的財産権の集合をプラットフォームとして見なしたとすれば，ソリューション，特許等検索サービス，ライセンス許諾，クロスライセンス，部品生産・工場稼働，製品開発，といったユニットは，相互に独立的でかつ一部シナジーも確認できる。しかしながら，ネットワーク効果については，これまでの説明だけでは未知数といわざるをえない。

　ところが，IBMは近年，Open Source and Standards（OSS）という活動を積極的に展開している。オープンOS（基本ソフト）で一躍世界から注目されたLinux運動以降，ソフトウェアのソースコードが開示され，バグフィックスにとどまらず，アーキテクチャ改良等に世界各国のプログラマーたちが無報酬で参加し，ソフトウェアの改良改善が日々行われているのがオープンソースソフトウェアである。

　図**4**-4にあるように，オープンソースソフトウェアにはさまざまな種類があるが，原則，知的財産権は生じず，ライセンス費用が発生しない。反面，サポート，メンテナンスといったサービスは受けられない。IBMは，ここに着目し，自らソフトウェアの改良改善を手がけるだけでなく，利用環境に応じてソフトウェアを修正するための開発ツールをも無料で配布し，ソフトウェア開発のサードパーティたちを取り込んでいっている。これにより，ソフトウェアの進化を牽引し，そのサポートで収益を拡大させているのである。

　このOSS活動は，IBMのソフト資産（知的財産権）がなければ成り立ちえない活動であることから，1つのユニットとして認め

図4-4　主要オープンソースソフトウェア

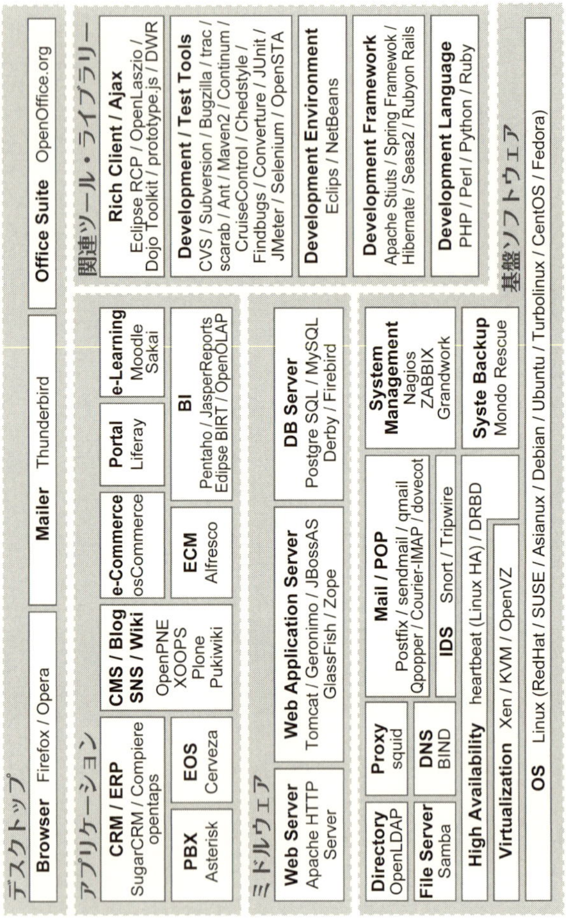

デスクトップ

- **Browser** Firefox / Opera
- **Mailer** Thunderbird
- **Office Suite** OpenOffice.org

アプリケーション

- **CRM / ERP** SugarCRM / Compiere / opentaps
- **CMS / Blog SNS / Wiki** OpenPNE / XOOPS / Plone / Pukiwiki
- **e-Commerce** osCommerce
- **Portal** Liferay
- **e-Learning** Moodle / Sakai
- **PBX** Asterisk
- **EOS** Cerveza
- **ECM** Alfresco
- **BI** Pentaho / JasperReports / Eclipse BIRT / OpenOLAP

ミドルウェア

- **Web Server** Apache HTTP Server
- **Web Application Server** Tomcat / Geronimo / JBossAS / GlassFish / Zope
- **DB Server** Postgre SQL / MySQL / Derby / Firebird
- **Proxy** squid
- **Mail / POP** Postfix / sendmail / qmail / Qpopper / Courier-IMAP / dovecot
- **Directory** OpenLDAP
- **DNS** BIND
- **IDS** Snort / Tripwire
- **System Management** Nagios / ZABBIX / Grandwork
- **File Server** Samba
- **High Availability** heartbeat (Linux HA) / DRBD
- **Syste Backup** Mondo Rescue
- **Virtualization** Xen / KVM / OpenVZ
- **OS** Linux (RedHat / SUSE / Asianux / Debian / Ubuntu / Turbolinux / CentOS / Fedora)

関連ツール・ライブラリー

- **Rich Client / Ajax** Eclipse RCP / OpenLaszlo / Dojo Toolkit / prototype.js / DWR
- **Development / Test Tools** CVS / Subversion / Bugzilla / trac / scarab / Ant / Maven2 / Continuum / CruiseControl / Chedstyle / Findbugs / Coverture / JUnit / JMeter / Selenium / OpenSTA
- **Development Environment** Eclips / NetBeans
- **Development Framework** Apache Stuts / Spring Framewok / Hibernate / Seasa2 / Rubyon Rails
- **Development Language** PHP / Perl / Python / Ruby

基盤ソフトウェア

（出所）IBMホームページ（http://www-06.ibm.com/systems/jp/x/solution/ossstartup.shtml）から抜粋。

図 **4**-5　IBM のソフト資産プラットフォーム

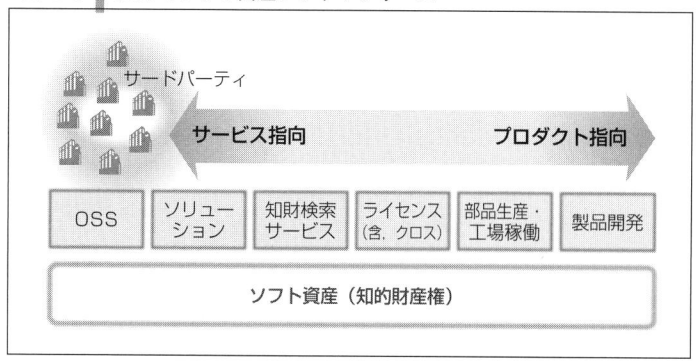

[図: サードパーティ／サービス指向 ←→ プロダクト指向／OSS、ソリューション、知財検索サービス、ライセンス（含．クロス）、部品生産・工場稼働、製品開発／ソフト資産（知的財産権）]

ることが可能で，この活動によって，サードパーティの積極的な参加が可能となっている。こうした参加には，ネットワーク効果があるだけでなく，ソリューション強化等の他のユニットに対してもシナジー効果が期待できる。したがって，IBM の知的財産権は，プラットフォームとして認定できるように思われる。このプラットフォームによって，IBM は，顧客ニーズを常に汲み取りつつ，ソリューション提供，製品開発を牽引することが可能になっているのである（図 **4**-5）。

図 **4**-5 について補足すれば，ハードな製品開発を極とするプロダクト指向から，ソリューション提供というサービス指向に至るまで，すべてソフト資産のプラットフォーム上において営まれているということである。そして，OSS のみならず，ソリューション，知財検索サービス，知財ライセンス，部品生産・工場稼働，製品開発，これらすべてが，相互補完的に事業分野を構成している。ここにこそ，現在の IBM の強みがあるといっても過言ではないだろう。

1　IBM の知財戦略

2 インテル

インテルが抱えていた問題

インテルは，1968年ロバート・ノイスとゴードン・ムーアによって設立され，すぐさまそこにアンドリュー・グローブが加わったベンチャー企業であった。フェアチャイルドの半導体部門で同僚であった3人は，DRAM（ダイナミックランダムアクセスメモリ）チップを開発し，その大ヒットで会社は急成長を遂げるが，1970年代になると，この分野における日本企業からの追上げに苦戦し，MPU（マイクロプロセッサユニット）領域へと徐々に軸足を移し始めた。インテルを新たな成長に導いたのは，第**1**節でも述べたように，IBMによるPC開発であった。

IBM互換機ビジネスについて，もう少し説明しよう。コンパックやDEC等が互換機ビジネスを行えたのは，IBMがインテルおよびマイクロソフトとの間で他社への製品販売を禁じる排他的契約を締結できず，かつATバスのリバースエンジニアリングが成功したからである。リバースエンジニアリングされたATバスは無料で誰でも利用できる業界標準アーキテクチャ（ISA）バスとして登録されたため，PC/ATクローン（模倣）機は爆発的に売れ，いわゆるパソコン分野でのデファクトスタンダード機種となった。結果，マイクロソフトのMS-DOSとISAバスが，当時のPC産業

> MPUという用語は，主にダウンサイズされたサーバやPC等の主要演算処理部分（CPU）として理解されており，いわゆるCPUと機能的に同等のものである。ただ，MPUが，CPU，RAM（メモリ），外部バス等を1つのチップの上に集積させ，LSIあるいはVLSIとしてパッケージ化されているものであることから，厳密にCPUとMPUを区分することもある。

第**4**章　プラットフォームリーダーシップ

図 **4**-6　PC のスタック構造

```
┌─────────────────┐
│    コンテンツ    │
├─────────────────┤
│  アプリケーション │
├─────────────────┤
│    ネットワーク  │
├─────────────────┤
│   差し込み機器   │
│    (Add-Ins)    │
├─────────────────┤
│    基本ソフト    │
│      (OS)       │
├─────────────────┤
│  基幹ハードウェア │
│ (マイクロプロセッサ)│
└─────────────────┘
```

エンドユーザーの認知

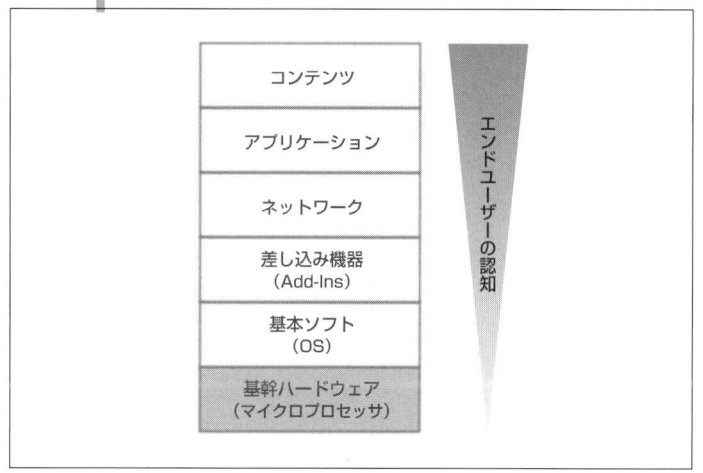

におけるデファクトスタンダードとして君臨することになる。

　しかし，1980 年代半ば以降には，ISA バスの速度が遅く，結果として，ハードディスク，グラフィックス，その他，バスに接続されているすべてのものが遅く感じられる，という業界内のコンセンサスが固まり始めた。これを受けて，IBM は MCA（マイクロチャネルアーキテクチャ）というバスを，コンパックは，EISA（拡張 ISA）バスを提唱したが，さしたる性能向上が見られず，かつその知財実施が有料ということもあって，業界としては，処理速度に問題を抱えながらも無料の ISA バスのままで滞っていた。

　このことは，インテルにとっては非常につらい事態であった。なぜなら，インテルのマイクロプロセッサは，顧客に最も意識されづらい部品（図 **4**-6 参照）で，かつその部品の改良スピードはインテルの創始者であったゴードン・ムーアが唱えた「ムーアの法則」に基づいていたからだ。

2　インテル

ムーアの法則とは,マイクロプロセッサの性能は,設計と製造工程の改善によってコスト一定で 18〜24 カ月ごとに倍増するという,ムーアの予測のことである。この法則に基づけば,マイクロプロセッサのプロダクトライフサイクルは,1 年半から 2 年しか持たず,この短い期間に巨額の開発投資を回収できなければ,次世代製品の開発が行えなくなる。

ところが,いくらインテルのマイクロプロセッサの性能向上が実現したところで,ISA バスが業界標準にとどまったままでは,エンドユーザーには PC の使い勝手の改良などは何も実感されない。このままでは PC 産業は衰退する,という強い危機感から,インテルは,1991 年にインテルアーキテクチャラボ(Intel Architecture Labs, IAL)を創設する。

IAL

現在はインテルラボ(Intel Labs)に統合されているが,IAL の創設当時,インテルには 3 つのラボがあった(Chesbrough, 2002)。図 4-6 の PC のスタック構造のイメージからすれば,最下層にある基幹ハードウェアの半導体製造技術を研究するのが CRL(Components Research Labs)で,中ほどにあるネットワーク,アドイン,OS を踏まえて,マイクロプロセッサのロジックおよびアーキテクチャを研究するのが MRL(Microprocessor Research Labs),そして,最上位のコンテンツ,アプリを含め,PC およびそのシステムの新利用形態を模索するのが IAL であった。簡単にいってしまえば,CRL が原材料,加工技術,製法等に関する基礎研究を行い,IAL がアプリを中心とした PC の新たな利用形

> 1980 年代でさえ,半導体の生産ラインには,1 ライン 1000 億円がかかるといわれていた。

態の動向を調査・模索し，それらを踏まえて，MRL が新世代プロセッサの方向性を検討する，といったところであろう．

当時の CEO・グローブは，上記のインテルが抱えていた問題を解決するために，IAL に PCI（peripheral component interconnect, 周辺機器相互接続）バスイニシアティブ（特命的活動）を立ち上げるように指示する（Gawer and Cusumano, 2002, ch. 2）．少々技術的な話であるが，PCI バスは，もともと CPU アーキテクチャにまったく依存しないデバイス間を結ぶ内部高速バス，Local Glueless Bus として，1991 年にインテルから提案された．同社はチップセットベンダー，マザーボードベンダーたちに，この提案を投げかけ，次世代マザーボードの開発を要請するが，受け入れられず，結局，内製し販売することになる．と同時に，IBM，コンパック，DEC，NCR を巻き込み，計5社からなる戦略的利害関係グループ（strategic interest group, SIG）を形成した．

SIG 形成に際して，インテルは，PCI バス規格をオープンにかつ知財実施（ライセンス）料を無料にすることとし，かつ PC ベンダーからのさまざまな要求，すなわち ISA バスあるいは新バス（MCA，EISA，VL）との互換性確保，NEC の PC-98 シリーズに象徴されるような機種独特の ROM（リードオンリーメモリ）仕様への対応等がなされ，マイクロプロセッサ内に，PCI バスモジュールを新設計し，外部バス化を図った．

こうした対応に PCI バスイニシアティブとしてどれほどの巨額投資と時間を要したかは想像に難くない．そもそもマザーボードの設計・開発は PC ベンダーが行うのが当時の産業界では一般的だったものを，MPU の製造販売会社とはいえ1部品メーカーのインテルが，各種バスとの互換性確保のみならず，機種依存にも対応した MPU，チップセット，およびマザーボードを開発す

ることになったのである。

インテルにしてみれば,独自機種のPCを製造販売するほうが,明らかに開発投資額は少なくて済んだものと思われる。にもかかわらず,PCI規格をオープンにし,かつライセンスフリーの原則のもと,他のチップセットおよびマザーボードベンダーたちの参入を促したことは,「PC産業を発展させることで,自社を成長させる」という強い信念の表れであった。事実PCI規格は,すぐさまデファクトスタンダードの地位を獲得し,インテルをPCアーキテクチャ(設計)におけるリーダー企業へ押し上げていった。

その後,インテルは画像処理の高速化を図るために,同様の手法でAGP (accelerated graphic port),読者にもおなじみのUSB等,さまざまな規格の標準化を成功させている。とりわけUSB規格の標準化とその推進は,PCベンダーでさえそこまでできない徹底したサポートぶりを展開している。一例を紹介すれば,ソフトウェアおよびハードウェアベンダーに対して,秘密保持契約のもとで,次世代MPUの仕様を1年から1年半前に開示した上で,API (application programming interface), SDK (software development kit),およびDDK (device development kit) といった開発ツールを用意するだけでなく,「コンプライアンス・ワークショップ」(通称,プラグフェスト)といわれる,常時100から200社が参加し各ベンダーのプロトタイプとPC間の接続性確認およびプロトタイプ間での動作確認を行う研究会を約3カ月ごとにホテルを借り上げて行っているのである。

エコシステム

インテルの知財戦略は,基本的にオープン&フリーであるが,そこには周到な計算がある。まず,PCIやUSB等各種規格の仕

様に関する知財は，権利として留保されているが，誰でも，インテルとの使用許諾契約を結べば，無料（登録の必要経費は有償）で利用できるようになっている。とりわけ，グラフィックス，メモリ，各種コントローラ等の半導体デバイスベンダーとの間では，クロスライセンスのもとで，相互に無料で知財が利用できるようになっている。このことは，インテルにPCに関連する半導体生産の最先端の技術が集中し，それをインテルが無料で利用できることを意味する。

他方，USB規格に準拠する周辺機器ベンダーたちには，API，SDK，DDKといった開発ツールを提供し，さらに実装面でインテルのサポートが必要な場合は，実装知財実施料として課金する仕組みを用いている。仕様知財をオープン＆フリーにすることによって，各種規格に対する求心力を強めつつ，状況に応じて，実装知財から収入を得る仕組みである。

さらにインテルは，1991年11月以降「インテルインサイド」（インテル入ってる）のマーケティングキャンペーンを数百万ドルかけて実施し，以来この取組みは，「チャネルブランディングプログラム」として現在に引き継がれている。このプログラムは，インテルのプロダクトディーラーおよびプレミアプロバイダー等，アクティブなメンバーたちを対象に，「Intel Inside®」ロゴラベルを提供するプログラムである（インテルのホームページ，http://www.intel.com/cd/channel/reseller/ijkk/jpn/sales/programs/cbp/82630.htm）。このことにより，エンドユーザー認知を高めるだけでなく，PCアーキテクチャにおけるリーダーであることをエンドユーザーに印象づけ，それを組み込んでいるPCのブランド化を図ろうとしている。

これを概念的に示したのが，**図4**-7である。インテルが主導

図 4-7　インテルのエコシステム

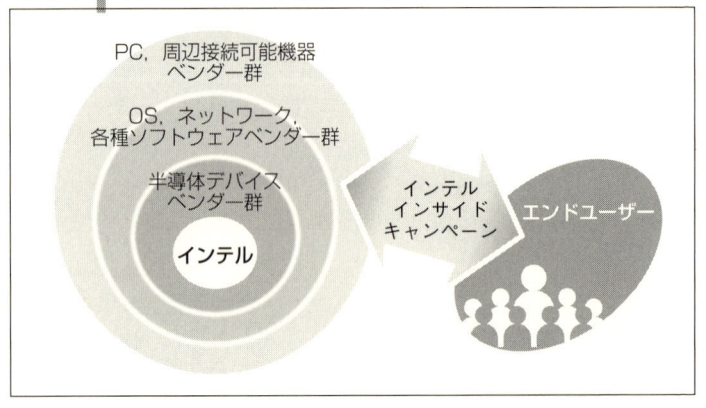

- インテル
- 半導体デバイスベンダー群
- OS、ネットワーク、各種ソフトウェアベンダー群
- PC、周辺接続可能機器ベンダー群
- インテルインサイドキャンペーン → エンドユーザー

した PCI, AGP, あるいは USB といった規格のもとに、さまざまなサードパーティが集まるだけでなく、エンドユーザーの認知度を高めることによって、PC 分野におけるインテルのエコシステムが完成しているのである。

4 レバー枠組み

ガワーとクスマノは、以上のようなインテルの取組みをもとに、プラットフォーム形成とプラットフォームリーダーシップ戦略（PLS）を実行する仕組みを、4レバー枠組みとして、以下のように整理している（Gawer and Cusumano, 2002）。

(1) 企業の範囲

何を社内で行い、そして何を外部企業にさせるべきか。

(2) 製品化技術

システムとしてのアーキテクチャ（つまり、モジュール化の程度）、インターフェース（つまり、プラットフォームインターフェースの開放度合い）、知的財産（つまり、プラットフォ

ームとそのインターフェースに関する情報の外部企業への開示程度）に関する意思決定。

(3) **外部の補完業者との関係**

　補完業者との関係は，どの程度，協働的であり，あるいは競争的であるべきか。どのようにして合意は形成されるのか。利害対立はどのように処理されるのか。

(4) **内部組織**

　上記の3レバーをサポートするために，どのように内部を組織化するか。

　レバー(1)「企業の範囲」については，それほど多くの説明は不要であろう。インテルは，その能力としては，独自製品を開発できるPCベンダーになりえた。しかしながら，MPU，チップセット，マザーボード開発までにとどめ，決して，PC領域には進まなかった。

　次にレバー(2)「製品化技術」であるが，これは，PCIやUSBといった規格におけるインテルの取組みを思い浮かべたほうが理解しやすい。インテルがオープンにしたのは，PCIやUSBといった周辺機器接続にかかわる伝送経路（バス）のアーキテクチャ規格であり，この部分をモジュール化し，周辺機器とのインターフェースとして定めた。MPUにおける演算処理ユニットについては決してオープンにはしていない。またIBMのOSSは，その対象がオープンソースのソフトウェアに対する開発ツールキット等のサポートであるため，そもそもクローズドにしている部分はない。OSSのもとで進化していくソフトウェアが，IBMにとっては，それを用いる顧客企業のサポートにつながるからである。

　レバー(3)について，外部補完業者は，IBMにとっても，インテルにとっても重要なパートナーである。しかしながら，PCIバ

2 インテル

スイニシアティブでは，チップセットおよびマザーボードベンダーに当初協力を要請するものの，資金回収の時間軸が合わないことから，サードパーティが積極的にならず，結果，チップセットおよびマザーボードを内製化することになった。独自規格の推進を図る上では致し方なかった措置である。PCIが業界標準になった後，インテルは，チップセットおよびマザーボードの生産をサードパーティにアウトソーシングし始め，それらとの協力体制を構築している。他方，USBについては，上述のように，キーボード，マウス，プリンタ，カメラ等々，外部接続機器メーカーを徹底的にサポートしている。

問題になるのは，レバー(4)の「内部組織」である。実は，PLSを実行に移す場合，意外に内部での利害対立が起きることが多い。このことはイノベーションのジレンマ問題に関する1つの解決策の提示になるので，以下で少し詳しく述べることにしよう。

内部対立のマネジメント

インテルには社内スラングとして，「ジョブ1」「ジョブ2」「ジョブ3」という呼び方がある。ジョブ1は，マイクロプロセッサの拡販であり，ジョブ2は，チップセットやマザーボードに代表される補完製品での利益確保で，ジョブ3は，将来におけるインテルの新たな中核事業になる可能性のある新規事業のことを指す (Gawer and Cusumano, 2002, ch. 4)。

しばしば対立するのが，ジョブ1とジョブ2である。IALは，マイクロプロセッサを拡販するために，PCI，AGP，USB等の規格の標準化を推し進め，多種多様なアプリケーションが用いられるように働きかけることを通じて，PCおよびその周辺機器の販売量，ならびにアプリケーションの利用機会が増えるように仕

向け，結果，インテルの最先端プロセッサの販売量が伸びる，という図式のもとで活動している。それゆえ，IAL はチップセットあるいはマザーボードベンダーたちに対して，規格実装（spec implementation）の支援を行うだけでなく，プロセッサの開発計画さえも伝える。このことが，ジョブ 2 の範疇にあるチップセットグループを含む製品グループと対立することになる。

ジョブ 2 の製品グループにしてみれば，独自に製品開発計画を立てたいのに，競合他社に先を越されることさえありうるのである。さらに，知財に関するオープンかクローズドかの線引きについても，IAL と製品グループとは対立する可能性を秘めている。製品グループにしてみれば，クローズドの領域を増やすことができれば，その製品の差別化は行いやすい。しかしながら，クローズド領域が増えすぎると，サードパーティの参入は見込めない。そうなると，プラットフォームの進化速度が遅くなる。そのことは結局，プロセッサの販売量を押し下げ，ジョブ 1 と対立することになるのである。

では，インテルはこうした対立をどのように処理しているのか。まず①対立を認め，②企業全体の共通目的について話し合い（年 1 回の全体会議，年 2 回の事業部会議），③議論を奨励する文化を創出する，として，具体的には，ジョブ 1 とジョブ 2 との組織上の区分を明確にし，可能な限り両者を切り離し，独自性を維持させつつ，経営トップによる裁量によって，対立におけるソリューションを提示している。

そのことは，グローブが 1996 年に発表した著書『インテル戦略転換』において詳述されている（Grove, 1996）。インテルは，ジョブ間の到達目標および目的における曖昧性・不一致（整合性の欠如）を許容し，対立からの議論を奨励している。多様な意見

によって重要な情報が表面化し，マネジャーたちが環境変化を感じ取れるようになる，というのである。グローブは，戦略の再構築が必要となる外部変化を「戦略転換点」と呼び，内部対立なくしてそうした転換点は発見できないということを，原著の題名 *Only the Paranoid Survive*（妄想狂しか生き残れない）に表現している。これは，イノベーションのジレンマ問題への組織設計上の1つの解かもしれない。

以上，IBM およびインテルのケースを通じて，PLS のあり方を4レバー枠組みで整理した。一方のプラットフォームは，知的財産権に根差した OSS といった社会的な取組みであり，他方は，PCI や USB といった規格であった。これらには実体があることから，プラットフォーム上のユニット間において，シナジーあるいはネットワーク効果が直接的に働くパタンといえた。これに対して，以下で述べる製薬産業におけるイーライリリーの取組みは，どちらかというと，第3章で取り上げたルーセント的であり，産業への広がりということからすると，いささか不十分であるが，1企業における外部資源活用のためのプラットフォームとして理解可能であるため紹介する。

3 製薬産業

その特徴

製薬産業では，研究開発から製造・販売までのリードタイムが超長期（約15年）で，いわゆる暗黙知領域が多く，プロジェクトマネジャー等によって属人的に R&D が進められている（以下，本節の記述には，筆者の研究室所属特任助教・中田有吾の研究成

果の一部を活用した)。また，完成品（薬剤）から仕掛品（要素技術，中間体等々）まで，知的財産権の集合体であること，および国ごとに製造・販売に許認可が必要となることなどから，グローバルな範囲でライセンシングが日常的に行われている。製造特許を所有していれば，あえて製造を行う必要はないが，コスト削減・経営効率を考えると，生産は戦略的プロセスとして重要であり，加えて新薬開発には，現場の医師とのコンタクトが必要不可欠なため，マーケティング・営業部門を抱えようとする。したがって，製薬産業においては，一般的に研究開発から製造・販売までのすべてのプロセスを内部化しようとする垂直的統合動機が生じやすい。

ところが，製品，仕掛品，検査データ，製造プロセス等，その根幹はすべて情報財であるため，創薬にかかわる情報財の売買が行われる市場あるいはバイオベンチャーそのものが売買される市場，すなわちイノベーション市場が現れ始め，業界を取り巻く経営環境は変化してきている。製薬産業における作業連関とそれに関連するプレーヤーは，図**4**-8 の通りである。

大手企業は大学や研究所と連携を図りながら，基礎研究を行う。そうした中から創薬候補となる化合物を見つけ出し，自社の事業領域との関係から可能性の高いものを前臨床試験（動物実験等）に移し，そこでも有望となれば，臨床試験（フェーズⅠからⅢ）を CRO（contract research organization）を活用しながら行う。臨床の最終段階をクリアできたものを，厚生労働省等の規制当局に申請し，認可されたら製造・販売へと進む。さらに，グローバル展開を図る場合は，製造・販売協力を仕向地の大手製薬企業等に要請する。

大学や研究所では，発病メカニズムの解明を通じて発病阻害物

図 4-8　製薬産業活動フローおよびプレーヤー

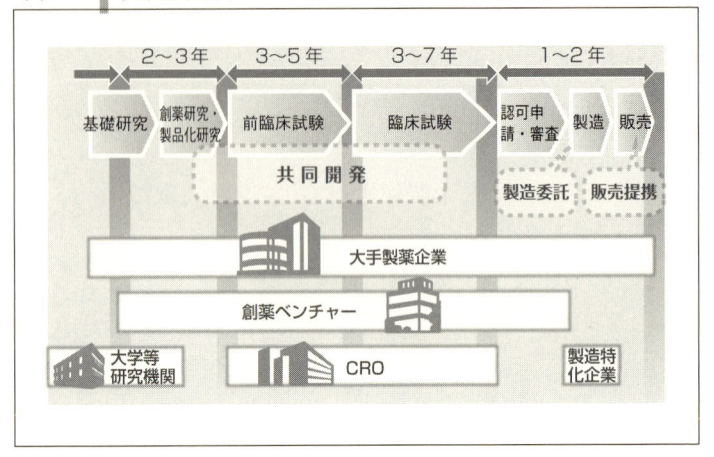

質等が発見された場合，その知識（知的財産権）をもとにスピンアウトするベンチャー企業がある。ベンチャー企業の前臨床あるいは臨床試験中の結果によっては，大手企業がベンチャー企業を買収する。

創薬ベンチャーの成長パタン

創薬ベンチャーの成長パタンは，いずれも主としてR&Dから製造・販売への垂直的統合型である（図4-9）。創薬の種である化合物から始めて，新薬の申請に成功すると，製造，販売機能を充実させ，同時に他の化合物，ベンチャー企業等を買収するなどして，いわゆるパイプラインを充実させていく。①から②へと進み，さらに海外展開のために，海外製薬企業へ製造・販売委託を行うようになる（③）。ただ，①の段階で，安定収益を確保する

> パイプラインとは，製薬産業独特の用語で，製品のみならずその予備軍を含んでいる。

図 4-9　創薬ベンチャーの成長パタン

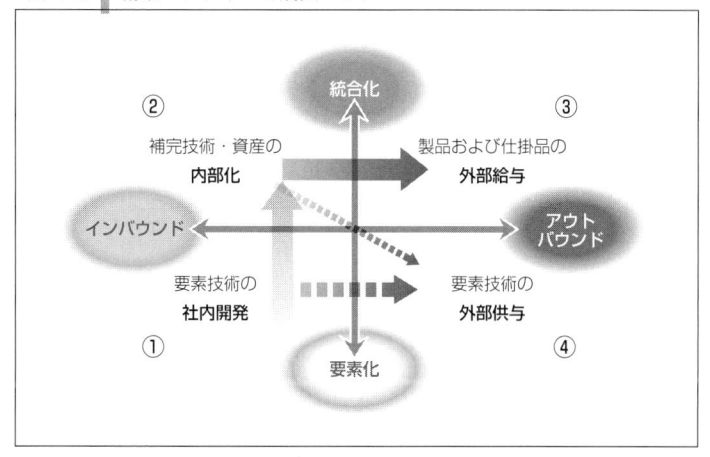

```
              統合化
     ②                        ③
   補完技術・資産の           製品および仕掛品の
      内部化                    外部給与
 インバウンド  ←――――――→  アウトバウンド
    要素技術の                要素技術の
     社内開発                  外部供与
     ①                        ④
              要素化
```

ためと，将来への売却先あるいは提携先となる可能性の観点から，大手製薬企業等に要素技術をライセンスすることもある（④）。

たとえば，創薬ベンチャーというより CRO から出発し，その独特なビジネスモデルで成功したミレニアム・ファーマシューティカルズ（アメリカ・マサチューセッツ州ケンブリッジ）は，ロッシュ，イーライリリー，アストラゼネカ等からの臨床治験データのうち，発注元が不要とするデータは，ミレニアムが所有できることとし，割安な臨床試験を行っていた。そうしたデータの中から他社に販売可能なものは販売し（①→④），やがてアイレックスオンコロジーとの共同開発により新薬開発に進出し，コアセラピューティクスの買収等を通じて製造部門を強化していった（①→②）。2008年4月武田薬品工業に，88億アメリカ・ドルで買収され，武田傘下に入るものの，武田からの干渉はそれほど受けず（武田にしてみれば，癌関連のパイプラインを購入したという意識のもと），自律的に創薬を進めている（武田薬品工業のホームページ，

http://www.takeda.co.jp/research/organizations/millennium.html）。

　また，アムジェン（アメリカ・カリフォルニア州サウザンドオークス）は，リコンビナント DNA（遺伝子組換え）技術や分子生物学的技術を軸に 1980 年に創業し，研究強化のために 94 年シナジェンを，そして 2000 年にはキネティックスを買収し，またパイプライン拡大と製造機能強化のために，02 年にイミュネクスを，06 年にはアブジェニクスを買収している（①→②）。遺伝子組換えエリスロポエチン（EPO）製剤のエポジェン（EPOGEN, Epoetin alfa），および白血球増殖のための顆粒球コロニー刺激因子ニューポジェン（NEUPOGEN, Filgrastim）の 2 つのバイオ医薬品の開発成功によって，一躍会社を世界的企業へと押し上げた。その後は，日本法人を武田へ売却し，臨床開発で提携するだけでなく，ワイスとの共同開発で得たエンブレルの製造をベーリンガーインゲルハイムやジェネンテックに委託している。また，貧血等対応薬のアラネスプを，日本ではキリンファーマに製造・販売委託し，キリンは，「ネスプ」という商品名で販売している（②→③）。

　以上のように創薬企業の成長パタンは，①から②へ，時に①から④へのパタンもあるものの，次に②から③へと進んでいくのが一般的である。これに対して特徴的であるのが，イーライリリーである。グローバルな製薬売上高ランキングにおいて，常にトップ 10 辺りに位置する巨大製薬企業であるが，同社は②から④のパタンを模索しているのである。

イーライリリー・アンド・カンパニー

　イーライリリーは 1876 年に創業，本社はアメリカ・インディアナポリスにあり，2012 年の売上高が約 206 億アメリカ・ドル

で世界第10位に位置する。メガファーマのトップ10にありながらも,過去に大型のM&Aを行っていない。研究開発比率が高く,2012年度実績では,対売上げ比率25.7％で世界第1位である(http://www.utobrain.co.jp/news/20130624.shtml)。また同社には,インスリン製剤化,ペニシリン量産化,ヒトインスリン開発など「世界初」の画期的な研究開発実績がある。

こうしたイーライリリーがオープンイノベーションに取り組み始めたのが,1990年代後半から2000年にかけてである。イーライリリーのあるグループは,同社のインターネット上のプレゼンスを高めるため,またメディアとしてのインターネットの有効性を信じて,1998年e-リリー(e-Lilly)プロジェクトを立ち上げた。イーライリリーには多くの創薬候補プロジェクトがあったが,社内のR&D部門はすべての化合物の分析・合成・製造に着手できていたわけではなかった。こうした問題を解決するには外部リソースが必要であった。また,こうした外部リソースを利用できる仕組みを整えられれば,他社にとっても有益であろうという発想から,2001年にイーライリリー出資のもと,バウンティケム(BountyChem)という会社を設立し,05年には外部VCからの投資も得て,イノセンティブ(InnoCentive)としてスピンアウトさせた。

(1) イノセンティブ

現在のイノセンティブは,その領域を一般化学・工学等にも広め多分野で展開しているが,もともとのバウンティケムは,有機化学・分析化学・薬品製造プロセス等の創薬化学分野の領域にフォーカスした,製薬企業と外部ソルバー(問題解決者)を結びつけるプラットフォームサービサーであった。しかも,そこにアクセスする企業(シーカー),ソルバー,いずれにせよ,属性情

報は厳密に管理されているので，参加者間でのシナジー効果は直接的にはなかった。しかし，参加者の数が増えソリューション数が増えると参加者たちの満足が高まるという意味において，ネットワーク効果は期待できた。

ただ，事業を展開するにあたって，2つの問題があった。1つは，ソリューションを求めるシーカーの不安材料の払拭であり，もう1つは，サービサーとして，シーカーへのソリューションの受渡しとその対価の定め方であった。前者については，相当な配慮が必要となる。なぜなら，たとえばシーカーが化合物そのものを提示してしまえば，シーカー企業がどのような薬剤を開発しようとしているのか，なりすましソルバー（競合他社の研究員）に判明してしまうことになる。たとえ，そうした創薬ターゲット自体に直接かかわる重要情報をマスクできたとしても，イノセンティブ自体がイーライリリーの子会社であるため，イーライリリーに創薬ターゲットが伝わる可能性を否定できない。

第1の問題へどのように対処したのか，その具体的な内容は明らかにされていないが，イノセンティブからイーライリリーへの情報漏洩については，シーカーとイノセンティブの間で，相当厳しい守秘義務契約が取り交わされているものと思われる。また重要情報のマスクについては，イノセンティブからシーカーに人材を派遣し，問題定義の仕方に関するレクチャーを行うなどして，重要情報がマスクされた問題として固められていくようである (Spradlin, 2012)。

第2の問題も悩ましい。いざシーカーがイノセンティブにソリューション提供を依頼したとしても，イノセンティブがソルバーを通じてソリューションを探索している間に，シーカーが独自に問題を解決してしまった場合はどうなるのか，加えてソ

リューション価格をどうするのか,という問題である。法的に詳細が詰められ,そのマイルストーンごとに対価が定められていくようであるが,これは,研究開発を進めてきたプロフェッショナルたちによる工数管理とコスト計算が可能になってはじめて,実現できる仕組みであった。

事実,バウンティケムは成功していたかといえば,評価が分かれるところである。シーカーとしてのイーライリリーに対するソリューションとしては,チェスブローの記述に基づけば,880万ドル相当のソリューションを43万ドルで調達できたということであるので (Cesbrough, 2006),相応の成果があったと評することもできるが,2005年には資金繰りのために外部VCから資金調達せざるをえず,また一般化学・工学等をも含め否応なくプラットフォーム領域の間口を広げざるをえなくなっている状況から思い至るのは,本当の意味で製薬業界におけるソリューションプロバイダーになりえたのか,という疑問のように思われる。

(2) FIP Net プログラム

イーライリリーは,こうしたオープンイノベーションの枠組みを,内部資産の有効利用という観点からも推し進めている。イノセンティブが,外部リソースの活用であるとすれば,FIP Netプログラムは,内部資産(知的財産権)の有効利用である。周知のように,発見,合成された化合物がすべて薬剤になることはほとんどない。化合物から薬剤として承認される比率は,1万分の1,2万分の1ともいわれている。こうした化合物の中からどれにターゲットを絞り,前臨床試験へと移行させるかは,非常に難しい選択である。製薬企業としては,できれば数多くの化合物を試したい。しかし,予算制約からそれは無理である。そうした中からイーライリリーが編み出したのが,FIP Net プログラム(以

下，FNP）にほかならない。図**4**-9の②から④へのパスが，FNPなのである。

その取組みの概要は，化合物の知的財産権はイーライリリーが保有したまま，主に中国やインドのパートナー企業に化合物を供与し，医薬品の研究開発を独自に進めさせる，という方式である。イーライリリーとパートナー企業との間で，マイルストーンを綿密に練り上げ，マイルストーンを達成するごとにイーライリリーはパートナー企業に報奨金を支払う。製品開発までこぎつけた場合にはさらにロイヤリティを支払い，イーライリリーの製品として市場に提供する。シスコのスピンインとよく似たプログラムである。製薬業界において長年，創薬を実践し，そこでの市場規模と製造原価等を熟知しているイーライリリーだからこそできる取組みである。

もちろん，そこにはリスクも伴う。それは，図**4**-9の②から④への動きにおいて2つのベクトル移動（右斜め下への移動）を伴うリスクと考えることもできる。具体的には，ⓐ供与した技術の思わぬ使用法が発見され，自社の既存事業を脅かす存在となりかねない，ⓑ供与した技術に付着しているノウハウ等の知識が流出する可能性がある，ⓒ自社での開発を期待するメンバーとの内部コンフリクトが発生しかねない，というものである。しかしながら，自社資産の有効活用，ということからすると，多少のリスクはあるものの，化合物から創薬への確率を上げることができるのであれば，リスクを吸収して余りあるもののように思われる。

4 プラットフォームとは

 ただ,このイーライリリーの取組みは,果たして PLS か,と問われれば,疑問が残るところである。イノセンティブの取組みは,たしかにネットワーク効果を期待することができる。しかし,製薬産業全体への広がりがあったかといえば,そうではない。P&G 等,一般化学産業も利用しているようであるが,創薬におけるプラットフォームとはいえない。なぜなら,製薬産業は,原則,個々の企業が展開するクローズドシステムの中で進展しているからである。FNP にしても同様で,チームイーライリリーに

> アメリカにおける創薬に関しては最近新たな動きがあった。国立衛生研究所(NIH)は 2012 年 5 月 3 日,新しい治療法の探求のため,研究者と製薬業界が開発した化合物とをマッチングさせる新たな協力プログラムを設立したことを明らかにした。NIH の新センター「国立先端トランスレーショナル科学センター」(National Center for Advancing Translational Science, NCATS)は初回のパートナー企業としてファイザー,アストラゼネカ,およびイーライリリーの 3 社と提携し,これら 3 社は数十の化合物をこのプログラムの試験フェーズに提供することに合意した。近年,4,500 種以上の疾病の原因が研究者によって明らかにされているが,効果的な治療法が開発されているのは 250 種程度に過ぎない。NCATS はこのギャップを埋めるべく,治療法開発のパイプラインを構成する各要素の革新を目指す研究を支援する。開発した化合物の中には,開発当初に目的とした効果が得られなくても,その後の研究で他の治療に役立ったケースもある。有名な例は,アジドチミジン(AZT)で,制癌効果は認められなかったものの,HIV に対する効果が認められ,はじめての抗 HIV 薬となっている。このプログラムは,いくつかの鍵となる開発ステップをすでにクリアしている化合物のうち,創薬への開発課題を抱えている化合物への研究者のアクセスを可能にするもので,2013 年度の大統領予算要求では 5 億 7500 万ドルが NCATS に割り当てられ,このうち 2000 万ドルが前臨床および臨床可能性研究に対する 3 年以内の研究グラントとして拠出される。これらの研究は,20 以上の化合物を調査し,パートナー企業がこれらの化合物と関連データを提供する(科学技術振興機構ホームページ〔http://www.jst.go.jp/〕より)。

おいてはオープンではあるが，競合他社がFNPに入る余地はない。

とすれば，産業におけるプラットフォームとは，その一部であれ，産業に属するプレーヤーにとって，オープンでなければならないことになる。誰でもそれにアクセスでき，それを利用できるものでなければならない。コンピュータ業界では，モジュラー型開発が浸透して以降，ISA，PCI，USB等々，さまざまなオープン規格が登場し，今日では，オープンソースソフトウェアさえ登場してきている。

ところが，製薬産業では，そうした動きは起こりえない。なぜなら，モジュラー型の化合物開発や臨床治験を行うことはできないからだ。しかし，自動車産業では，フォルクスワーゲン（VW）をはじめ，ドイツ企業が車体開発においてモジュラー型を採用し始めている。VWのそれは，MBQといわれる車体（プラットフォーム）で，その上に，エンジンモジュラー等いくつかのパーツが，それぞれのインターフェースが規定され，組み上げられるようになっている（http://openers.jp/car/car_news/volkswagen_mqb.html）。

もちろん，こうしたモジュラー化とそのインターフェース仕様の展開は，一部車体とエンジンといった限定された領域において実施されているだけであり，車全体には及んでいないが，コスト削減と開発工期を短縮するために，徐々にモジュラー化領域は拡大していくであろう。そうなったときに，VWのモジュラーとインターフェース仕様がCAD（computer aided design）情報として流出した場合，自動車産業における1つの標準仕様として，新興国周辺で採用されかねない。もちろん，自動車の大きさはさまざまであるから，さまざまな標準仕様が求められることになるが，タイプごとの標準仕様が定まってくる可能性は否定できない。そ

うなれば，自動車といえどもやがてはコモディティ化し，CADおよびCAM（computer aided manufacturing）ベンダーが，プラットフォームリーダーになり，自動車メーカーに代替するかもしれない。

この思考実験の中で重要な点は，オープンということと，インターフェースの標準化，ということである。これらがプラットフォームの規定要件であり，ここにモジュラー数とその種類が豊富になればなるほど，プラットフォームの標準化が進み，社会的価値が高まる，ということである。

すなわち，プラットフォームとは，モジュラー（ユニット）とのインターフェースがオープンに標準化され，そこに接続されるモジュラー数と種類が豊富になるにつれ，プラットフォームとしての社会的価値は高まるが，他方，それによって組み上げられる製品およびサービスは，コモディティ化しやすくなる，というものなのである。

参考文献

Chesbrough, H. W.（2002）. "Making sense of corporate venture capital," *Harvard Business Review*, vol. 80, no. 3, pp. 90-99.

Chesbrough, H. W.（2006）, *Open Business Models: How to Thrive in the New Innovation Landscape*, Boston: Harvard Business School Press.（チェスブロウ，H. 著／栗原潔訳／諏訪暁彦解説『オープンビジネスモデル――知財競争時代のイノベーション』翔泳社，2007年）

Christensen, C. M.（1997）, *The Innovator's Dilemma: When New Technologies Cause Great Firms to Fail*, Boston: Harvard Business School Press.（クリステンセン，C. 著／玉田俊平太監修／伊豆原弓訳『イノベーションのジレンマ――技術革新が巨大企業を滅ぼすとき 増補改訂版』翔泳社，2001年）

Gawer, A., and Cusumano, M. A. (2002), *Platform Leadership: How Intel, MicroSoft, and Cisco Drive Industry Innovation*, Boston: Harvard Business School Press. (ガワー,A.=クスマノ,M. A. 著／小林敏男監訳『プラットフォーム・リーダーシップ——イノベーションを導く新しい経営戦略』有斐閣,2005年)

Grove, A. S. (1996), *Only the Paranoid Survive: How to Exploit the Crisis Points That Change Every Company and Career*, New York: Currency Doubleday. (グローブ,A. S. 著／佐々木かをり訳『インテル戦略転換』七賢出版,1997年)

Spradlin, D. (2012), "Are you solving the right problem?: More firms aren't, and that undermines their innovation efforts," *Harvard Business Review*, vol. 90, no. 9, pp. 85-93.

第5章

キャズムの発見

新技術はいかにすれば普及するか

Introduction

　第2章から第4章までは，イノベーションのジレンマとその解決に向けての方法論であった。優良企業がなぜイノベーションのジレンマに陥りやすいのか，それを克服するには，どういう戦略が必要になるのか，を検討してきた。具体的には，オープンイノベーションのもとでのCVC（コーポレートベンチャーキャピタル）の活用（なお，アイデアや技術が取引される「イノベーション市場」における仲介業者の機能については，**補論**にて詳述する）と，PLS（プラットフォームリーダーシップ戦略）であった。したがって，議論における暗黙の前提は大規模組織を備えた企業であった。

　本章では一転して，ある破壊的技術あるいは新技術が，メインストリーム市場において受容されるようになるための方法論を検討する。既存組織において，破壊的技術からの攻勢にどのように対処するかではなく，「技術」を「製品」へと仕立てて，市場において「信認」が得られるようにするための手引きである。それゆえ，ベンチャー企業におけるマーケティング成長戦略，あるいはタスクフォースによる新規事業創造のための方法論として，理解を深めていきたい。

1 キャズムの存在

テクノロジーライフサイクル

1991年,ジェフリー・ムーアは,「キャズム」(chasm)を発見・提唱する(Moore, 1991, 2006)。キャズムとは,プロダクトライフサイクルの各ステージを,ムーア流の顧客類型と結びつけて「テクノロジーライフサイクル」(technology lifecycle)として捉え直した際に,顧客類型間に存在する消費の不連続性のことを指す。中でも,プロダクトライフサイクルがいうところの導入期後期から成長期に移行する際の溝=キャズムは大きく,多くの破壊的技術は,その溝に落ち込み,製品としての成長期を迎えることができないというのである。

図5-1に示されているように,テクノロジーライフサイクルにおける消費主体には,「イノベータ」(innovator),「先行者」(early adopter),「早期多数派」(early majority),「後期多数派」(late majority),「出遅れ者」(laggard)という,5類型がある。イノベータと先行者は,破壊的技術あるいは新技術を購入し,「初期市場」(early market)を形成する。他方,早期多数派と後期多数派は,「メインストリーム市場」(mainstream market)を形成する。

プロダクトライフサイクルになぞらえていえば,イノベータと先行者からなる初期市場は製品導入期に相当し,早期多数派が支配的な状況が成長期に,後期多数派は成熟期に,そして出遅れ者は衰退期において支配的となる。各消費主体それぞれの立場の相違から,プロダクトライフサイクルが前提としているような「連続」する曲線ではなく,消費に「不連続性」があり,これらをムー

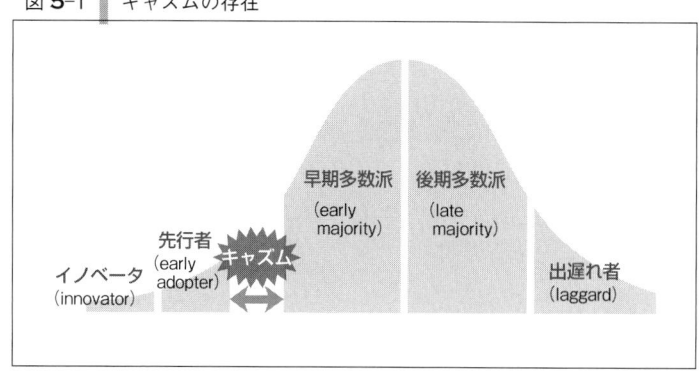

図 **5**-1　キャズムの存在

```
                              早期多数派  後期多数派
                              (early    (late
                              majority) majority)
              先行者  キャズム
              (early
イノベータ      adopter)                              出遅れ者
(innovator)                                         (laggard)
```

アはキャズムと呼ぶのであるが，とりわけ先行者と早期多数派との間（すなわち，初期市場とメインストリーム市場との間）の不連続性は顕著で，ここに大きな溝，すなわちキャズムが存在し，そこへ破壊的技術あるいは新技術は陥りやすいという。その原因は，結局のところ，初期市場とメインストリーム市場の市場特性が異なることに起因する。

　ではどう異なるのか。それぞれの市場を構成する消費主体を見ていけば，「イノベータ」とは，いうなれば技術オタクともいえる者たちで，技術としての新規性・ユニークさに対して過敏に反応する。技術に対する自らの評価基準があり，その基準に照らして素晴らしいとなれば徹底的にサポートするが，評価に値しないとなれば，酷評する。価格・外観・使い勝手に対する感応度は，あまり高くない。外観や使い勝手が悪ければ，自分たちなりに修正して，自分好みの製品に仕立て直そうとする。要するに，技術そのものの善し悪しがイノベータにとっては重要なのである。

　「先行者」は，イノベータとは違って技術だけに関するスペシャリストではないものの，技能・職種においてスペシャルな立場

にあり，彼（女）たちは破壊的技術や新技術を用いて自分たちの製品・マーケットポジション等を優位にしようとする。たとえば，コンパックの開発部は，インテルのPCIバス準拠の32ビットプロセッサをIBMに先駆けて導入し，IBMクローン機種の中で差別化を図ろうとした。また，一部の弁護士・税理士といった士業の中には，出始めの，重さ1キロ超・縦30センチ・幅10センチ程度という巨大携帯電話を抱えて，出先から事務所に連絡をとり，顧客サービスを向上させようとする者もいた。要するに，先行者は，スペシャリストであるものの，新規技術の支持者であり，積極派なのである。こうした者たちによって，新規技術は初期市場を形成することになる。

ところが，「早期多数派」は，先行者と違ってリスクをとろうとはしない。新技術を導入することによって，既存のビジネスプロセス，ルーティン，さらにはCRM（顧客関係管理）を変更しなければならないのであれば，それをリスクとして捉え，決して主導的には動こうとしない。現状維持を優先する，コストパフォーマンスにシビアな合理派である。実利主義で，保守的なジェネラリスト，それが早期多数派である。

また「後期多数派」になると，そこまでシビアな判断は行わず，「みなが使っているから使う」というスタンスに変化し，マーケットリーダーの製品，あるいはブランド品を購入するという保守的な消費行動をとる。以上を整理すると，図5-2のように，消費行動を類型化することができる。

市場特性

イノベータから先行者に至る「初期市場」では，時代の先導者（ビジョナリー）になるべく先行者が，破壊的技術を自らの製品・

図 5-2　顧客類型と市場特性

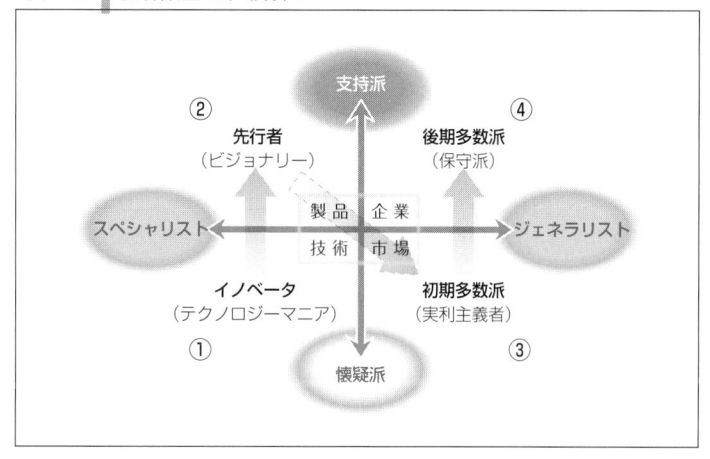

```
                         支持派
     ②                            ④
    先行者                      後期多数派
  (ビジョナリー)                 (保守派)

スペシャリスト ←── 製品 企業 ──→ ジェネラリスト
              技術 市場

   イノベータ                    初期多数派
 (テクノロジーマニア)            (実利主義者)
     ①                            ③
                         懐疑派
```

サービスにその一部あるいは全部を組み込もうとし，市場を成長させる。技術そのものに熱狂するイノベータ（テクノロジーマニア）と比べて，ビジョナリーに対しては，技術用途とその可能性・発展性を訴えかけていかなければならない。しかし，彼（女）たちは，スペシャリストとしての目的意識を持っているので，そのニーズに合致すれば，破壊的技術は，製品・サービスにおける1部品として，規模は大きくないが製品化（利用）されることになる。図5-2の①から②象限への1次元的な動きである。要するに，懐疑派から支持派を見つける動きである。

ところが，②から③象限への動きについては，概念的なことをいえば，2次元的な動きが必要となる。支持派から懐疑派へと戻りつつ，スペシャリストからジェネラリストへと，同時に2方向の移動を要するのである。単なる1部品としてではなく，あるいは1部品であったとしても，その社会的価値が認知され，競合製品もあり，コストパフォーマンスの観点から比較検討されるよう

1 キャズムの存在

な状況が③であり、②のように限られた数社の間で部品として利用されている状況とは明らかに異なる。

ここで最も厄介なことは、破壊的技術の持つ性質そのものである。破壊的であることは、すなわちユニークさを意味する。ほかに類がないから、技術オタクは好感するし、ビジョナリーたちも、それを用いて自らの製品の差別化を図ろうとする。しかしながら、実利主義者は、懐疑的なジェネラリストである。競合がない製品に対しては、比較検討できないので、競合が現れるまで買い控えるのが常である。「ユニークさの罠」(trap of uniqueness) ともいえる状況に陥ってしまうのである。これがキャズム、すなわち初期市場とメインストリーム市場との間に横たわる大きな溝にほかならない。

ひとたびメインストリーム市場の形成に成功すれば、フォロワーも現れ、企業間での差別化競争が市場を成長へと導き、付属品・サポート品などが登場し、市場は活況を呈する。やがてはいわゆる売れ筋・定番というものが固まり、保守派の登場によって、市場は成熟期を迎えるようになる。③から④におけるメインストリーム市場の成長・成熟局面である。

図 **5**-2 の①から④の各象限には、「技術」「製品」「市場」「企業」といった特性が示されている。技術というのは、製品としての仕様も用途もいまだ定まっていない、あるいはそれらが大きく変化する可能性を秘めている状況を指している。要するに、破壊的技術を高く評価するマニアが存在する、という市場状況である。次は製品であるが、これは破壊的技術にある種の用途が定まり製品としての形が見え始めた段階のことである。たとえば、2.5インチHDD技術の用途がカーナビあるいはビデオゲーム等に定まり始めた段階などが、これにあたる。

③の市場というのは，競合製品があり，製品間での比較対象が可能な段階を示している。「市場」を市場特性とするのはいささか同義的であるが，要するに，顧客にとって取捨選択・商品比較が可能な，これぞ市場，という状況を指しているのである。メインストリーム市場が形成され，差別化競争の結果，製品機能等における定番が定まり始めると，市場は一挙に寡占化する。そうなったときには，顧客の選択基準も製品のコストパフォーマンスよりブランド化した企業・製品名が主になるという状況が到来する。

　ではどうすれば，キャズムを越えることが可能になるのか。それが本章の課題であるといってよい。以下でキャズム越えの方法論と実践における指針を紹介しよう。

2 キャズムを越えるための準備

ニッチ市場を特定せよ

ビジョナリーに受け入れられたものを実利主義者に受け入れられるようにするために，ムーアは，まずニッチ市場を特定せよ，という。メインストリーム市場における橋頭堡を確保し，そこでの成功事例をもとに徐々に領域を拡大していく，という戦略である。その理由は，①ホールプロダクトの提供，②口コミの効果，および③マーケットリーダーシップの3点にある。

　ホールプロダクトという概念は，レビット（Levitt, 1969）あるいはダビドゥ（Davidow, 1986）によって詳述されているが，製品・サービスそのものとしての「コアプロダクト」，顧客の購入目的を満たすために最低限揃っていなければならない製品・サービス

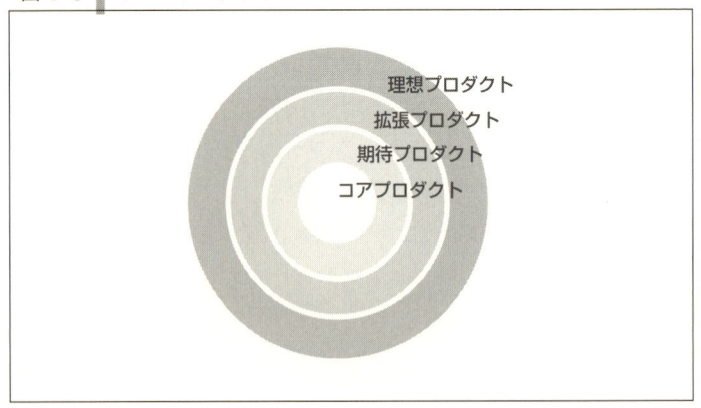

図 5-3　ホールプロダクト

- 理想プロダクト
- 拡張プロダクト
- 期待プロダクト
- コアプロダクト

の集合体としての「期待プロダクト」、付属品、追加サービス等が準備されて顧客満足をさらに高める「拡張プロダクト」、および多くの補助製品が市場に出回り顧客独自のカスタマイズが可能になる「理想プロダクト」から成り立ち、それらは包含関係にあって図 5-3 のように示すことができる。

　それこそイノベータに対してであれば、コアプロダクトだけでよいかもしれない。またビジョナリーであれば、期待プロダクトを提供していれば、独自に拡張プロダクトを用意してくれるかもしれない。しかしながら実利主義者に対してはそうはいかない。すべてを自社で用意する必要はないが、少なくとも実利主義者の細かい要望に応えていくための拡張性を準備しておく必要がある。理想プロダクトとなれば、そのコアプロダクトはある意味、デファクトスタンダード（業界標準）化している必要があり、各種付属品を提供するサードパーティが存在するのみならず、自主的なユーザーネットワークも存在するような状況でなければならない。

要するに、キャズムの向こうにいる実利主義者を納得させるには、期待プロダクト以上のものを用意しなければならないが、一概に実利主義者といっても、その者が属する業界・職種等によって、それぞれの価値命題（value proposition）は大きく異なる。にもかかわらず、実利主義者全般といった曖昧なターゲットのもとで市場展開することは、経営資源に余裕がないベンチャー企業、あるいは新規事業創造のためのタスクフォースにとっては自殺行為である、というのである。

　次に、口コミ効果であるが、これは、ニッチ市場の顧客は同業者であることが多く、その者たちは勉強会や懇談会など、なにがしかの形で相互に情報交換をしていることが多いという、社会的・ビジネス的慣行に根差した理由づけである。要するに、同業者間で評判を獲得することができれば、信用も得やすく、顧客ごとのカスタマイズ費用も少なくて済むということである。

　ほぼ同様の理由が、マーケットリーダーシップにもあてはまる。これはニッチ市場における「先発者優位」（first mover advantage）ともいえる。つまり、ニッチ市場の規模は大きくない。それゆえ、マーケットリーダーにもなりやすい。ひとたびリーダーになれば、業界紙が取り上げるようになり、企業は有名になり、企業名や製品・サービスがブランド化しやすい。そうなると大企業に対する参入障壁にもなる、というのである。

　では、どのようにすればニッチ市場を特定することができるのか。その詳細は次の第**6**章「**エコロジカルニッチの薦め**」にて詳述するが、ムーアは次のようにいう。すなわち、「顧客の数でターゲットマーケットを決めるのではなく、顧客が感じている痛みの大きさで決める」。ここでいう「痛み」とは、文字通り苦痛と理解してもよいが、顧客が負担している手間・コストという意味を

含んでいる。要するに、困っている人を探せというのである。

このことについて、ムーアは面白い事例を紹介している。1990年にゼロックスから多岐にわたる文書管理技術をもとにスピンアウトしたドキュメンタム社は、創設後3年ほど経過した時点では売上高200万ドル程度で伸び悩んでいた。しかし、ジェフ・ミラーが経営に参画した後、800万ドル、2500万ドル、4500万ドル（この年に上場）、その翌年には7500万ドルと、破竹の勢いで売上げを伸ばしていった。そして、ゼロックス社にもライセンス供与するなどして高業績を収めた状態で、2003年にストレージの大手・EMCに買収された。当時のCEO・ミラーによると、ドキュメンタムが「キャズム」を飛び越えられないでいるということに気づき（ムーアの初版本を読んで）、市場開発プランを立て直したというのである。

ドキュメンタムが選んだニッチ市場は、「フォーチュン500」に含まれている大手製薬企業の薬事規制担当部門だった。このクラスの製薬企業は40社程度しかなく、またその部門の人員数は多くて20～30人程度で、総勢にして1,000人程度にしかならないマーケットである。この部門の仕事は、新薬許認可申請書を世界中の認可省庁に提出することである。その申請書は通常25万～50万ページにも及び、申請書を完成させるのに1年を要していた。理由は、臨床試験結果、各種連絡文書、医薬品製造データベース、特許関連、研究記録等々、膨大な情報を必要とするのみならず、データが改定されるたびに、改定記録が保持され、かつそれが検索できるようになっていなければならないからであった。

当然ながら、当該部署には、既存のITベンダーが提供するデータベース、文書管理システムが導入されていたが、汎用データ

ベースシステムを徐々にカスタマイズしていく程度で，決して当該部門にとっては使い勝手のよいシステムではなく，最終的にはその部門が人海戦術で対応せざるをえない状況であった。

　こうした状況を解決するために，ある製薬会社の経営者がドキュメンタム導入を他に先駆けて決定した。既存のデータベースシステムとの互換性をどのように確保したのか，その技術的な詳細については不明であるが，その決定に呼応する形で，「フォーチュン 500」の 40 社のうち 35 社が，やがてドキュメンタムのシステムを導入することになり，それらが社内の研究所・製造工場へと導入を進めてワールドワイドでの利用が促進されるようになると，さらには一般化学等の装置産業への導入が進み，結果，ドキュメンタムは文書管理システムにおけるグローバル企業の地位を獲得することができたのである。

アプリケーション対プラットフォーム

IT 産業に親しんでいるせいか，ムーアは，製品について，一方を「アプリケーション」，他方を「プラットフォーム」とする分類を行っている。アプリケーションとは，特定の顧客に対するサービスを具現化したソリューションのことであり，それはソフトウェア，ハードウェアに限らず，顧客指向性が強く，用途も特定的なものとなる。他方プラットフォームは，汎用的で顧客指向性は弱い反面，顧客ごとのカスタマイズが求められ，そうしたカスタマイズがアプリケーションを構成することになる。掃除機や洗濯機といった製品はアプリケーションで，それらに内蔵されているマイコンといった部品はプラットフォームということになる。

　したがって，ニッチセグメントを探索する場合，その有無は別にして，アプリケーション型のほうがプラットフォーム型よりも

探索はしやすい。いやむしろニッチを探索しアプリケーション型で参入すべきである。なぜならば、プラットフォーム型は、仮にニッチを探索できたとしても、そこからそのセグメント用のアプリケーションを作り込んでいかなければならないからである。とはいえ、ニッチからメインストリームへの展開を考えた場合、プラットフォーム型のほうが展開は容易である。別のセグメントでのアプリケーションを作り込んでいけば、おのずと市場が広がっていくからである。

他方、アプリケーションからのメインストリーム展開は、プラットフォーム作りを余儀なくされるため、その展開にはかなりの困難が待ち受けている。たとえば、ユニークな携帯アプリを開発した企業が次なる展開を模索する場合、そのプラットフォームを何にするかを考えてみればよい。携帯アプリとして市場投入しているのであるから、ネットワーク上のプラットフォームとしては、携帯キャリア（電話会社）やグーグル等の大手ポータルサイトが提供するプラットフォームが厳然と存在している。それらのプラットフォームと自社アプリケーションとの間に新たなプラットフォームを構築しなければならない。

一般的なトレンドとしては、ソーシャルネットワークサービス（SNS）を構築し、そこから新たなニーズを掘り起こし、次なるアプリ開発を模索するということになろうが、SNSも数多あり、類似アプリも多数存在する中で、どのように活路を見出していけばよいかは、なかなか困難なことである。

ここで今一度、ホールプロダクト概念に立ち戻りたい。ムーアは、このことについて明示していないが、実利主義者が求める「拡張性」にプラットフォーム形成のヒントが隠されているように思える。事例を1つ紹介することにしよう。

ここで取り上げるのは，世界最大の自転車部品メーカー，シマノである。自転車という製品は，それこそアーキテクチャも部品間のインターフェースもオープン規格の製品である。したがって作ろうと思えば，極端な話，誰でも作れるコモディティである。とりわけ高度経済成長後の日本においては，需要は減少傾向に陥り，格安の輸入品に押されていくつもの自転車メーカーは事業撤退を余儀なくされていた。シマノも，主戦場をヨーロッパのレースやツーリング市場へと移し，日本国内では廉価版を販売し，細々と事業を存続させていた。そうした中，同社は，マウンテンバイクというニッチ市場に着目して成功を収め，今日では，いわゆるママチャリ（実用車）の広告宣伝においても「シマノ変速機搭載」と謳われるまでに，自転車市場を根本的に変えてしまったのである。

　1973年にシマノは，変速機，ブレーキ，ハブ，チェーンホイール等をコンポーネントにしたDURA-ACE（デュラエース）を市場投入する。これは，各部品間の連携性と互換性，それにデザイン性にも優れていたことから市場ではすぐ受け入れられた。しかしながら，1981年に投入したAXシリーズは，コンポーネント概念を継承しエアロダイナミクスを大胆に取り入れ，業界にセンセーションを巻き起こしたものの，強度不足による破損，整備上の問題，実感できないエアロ効果等，完成度の低さから失敗作との烙印を押され，とりわけロードレース業界からは酷評され，一般市場における売上げも落ち込んだ。

　ロードレース市場は，ムーア流にいえば，ビジョナリーたちの市場である。競争優位を築けるとなれば積極的に製品購入するが，それができないとなるとすぐ見放される。この窮地を克服するため，そしてAXの抱えていた問題を解決するため，セールスキャ

ラバン（販促部隊）から得た情報をもとに、シマノはカリフォルニアのマウンテンバイクというニッチ市場にフォーカスする。

なぜアメリカのマウンテンバイク市場がニッチかといえば、アメリカはヨーロッパと比べると国土も町も大きいため、当時は自転車利用が盛んではなかったからである。ところが、このマウンテンバイクという利用形態が、その後、レースやツーリング一辺倒であったヨーロッパの自転車市場にも大きな影響を与えることになる。

同社は、オフロードでの使用に耐えるコンポーネント作りを目指し、1984年にシマノ・インデックス・システム（SIS）を投入、マウンテンバイク市場を席巻する。それを足がかりに、変速レバーとブレーキレバーを一体化したデュアルコントロールレバーでハンドルから手を離さずに変速できるシマノ・トータル・インテグレーション（STI）を開発し、他社に決定的な差をつけ、スポーツレジャー、ツーリング、そして再びロードレースへと市場を拡大していった。

以上の記述に基づけば、シマノの事例はコンポーネント技術というプラットフォームをもとに、マウンテンバイクというニッチ市場にアプリケーションを適用し、そこでの成果と技術プラットフォームによって他市場への展開ができたという事例であって、アプリケーションからプラットフォームを形成した事例ではない、と批判する向きもあるかもしれない。

しかしながらマウンテンバイク市場を立ち上げた後のシマノは違っていた。まず、マウンテンバイクレースを積極的にサポートし、そこで知名度を高めた。次に、オーダーメードを請け負う自

> 自転車は、PCと同じように、各パーツ、コンポーネントを組み合わせて顧客独自の製品を組み立てることが可能な製品である。

転車ディーラーに対しては,フレーム,ハンドル,タイヤ等との適合性やセットアップ手順をサポートした。さらには,各種部品ベンダーあるいは組立販売業者に対しては,シマノ製品の仕様を細かく開示し,自転車システムの顧客に対するトータルコストパフォーマンスを高めるべく指導していった。

顧客へのブランドイメージ作り,販売ディーラー,部品ベンダー,組立販売業者へのサポートといったものは「拡張プロダクト」であり,これらに基づく顧客,販売ディーラー,部品ベンダー,そしてシマノをつなぐ商流こそが,シマノの新たなサービスプラットフォームにほかならない。このプラットフォームがあればこそ,レース市場,スポーツ市場,さらには一般市場への展開が可能となり,市場成長にも貢献することが可能となったのである。

3 超越のための実践

本当の購買者は誰か

ムーアによれば,ある製品・サービスの購入にかかわる主体には,次の3者があるという。すなわち,「エンドユーザー」(end user),「テクニカルバイヤー」(technical buyer),および「エコノミックバイヤー」(economic buyer)である。ニッチ市場における「苦痛」を訴えかけるのは,エンドユーザーであることには間違いない。しかし,このエンドユーザーに好感されたとしても,テクニカルバイヤーおよびエコノミックバイヤーが納得しなければ,製品・サービスは購入されない。

一般消費財の場合,これらの3者は同一であることが多いが,

中には,たとえば日本においては自動車や家といった高額商品の場合に,エンドユーザー兼テクニカルバイヤーが夫であっても,エコノミックバイヤーが妻であるといったこともよくあり,そのことを念頭に置いて商品開発が行われるのは業界の一般常識である。また処方箋薬の場合,エンドユーザーは患者であるが,テクニカルバイヤー兼エコノミックバイヤーは医師であるため,製薬企業は医師に対して積極的に営業を行う。ジェネリック薬というものの存在をアピールする広告宣伝があったとしても,患者に薬剤そのものを直接営業するようなことはありえない。

これに対して,顧客が企業である場合,さらにそれが大企業である場合,上記の3者が分かれていることは一般的で,最終意思決定者を間違えると,売れる商品も売れなくなってしまう。標準的には,解決したい問題を抱えているのがエンドユーザーで,それを解決するために提案製品の技術評価・導入手順・関連機能・作業等への影響を考察するのがテクニカルバイヤー,トータルコストの観点から最終的に意思決定するのがエコノミックバイヤーである。テクニカルバイヤーおよびエコノミックバイヤーの多くは実利主義者であることが多く,そのため彼(女)らをどのように納得させるかは,ホールプロダクトとして仕立てていく上での,すなわち期待プロダクトから拡張プロダクトへと展開していく上での重要な関門であり,そこを通過できればニッチ市場の制覇は現実味を帯びてくる。そうしたイメージをつかむために,典型的な事例を1つ紹介しよう。

1961年に保木記録紙販売株式会社として誕生した現・株式会社ホギメディカル(東京都港区赤坂)は,医療用記録紙販売を皮切りに,滅菌技術をもとにして1964年に開発・販売したメッキンバッグが,滅菌用包装紙の代名詞になるまでに普及したこと

によって急成長し，72年には医療用不織布（手術用の滅菌ガウン，キャップ，アンダーウェア，手術台ドレープ，器械台カバー等）製品を販売することで業容を拡大した。現在は，「オペラマスター」と呼ばれている手法によって，病院の手術用品在庫を圧縮するだけでなく，手術準備にかかる時間をも短縮することで手術室の稼働率を高め，いきおい入院期間の短縮も可能にし，病院経営の効率化をサポートすることを通じて成長を続けている（ホギメディカル・ホームページ，http://www.hogy.co.jp/）。

　ホギメディカルのエンドユーザーは，看護師である。彼（女）たちは，オペラマスター導入前の一般的な医療現場では，手術が行われる数時間以上前から，症例および術式に合わせて，手術用品を薬剤室等から集めていた。その数は，数十から数百点に及ぶ。看護師の間接業務に占める術前準備比率は約3分の1で，器械セット・術後業務も合わせればほぼ3分の2が手術関連に費やされていた。同じような手術を行うことも多い反面，症例によっては異なる用品を揃えなければならず，用品のセットミスは手術ミスにもつながりかねないので注意を要した。彼（女）たちにしてみれば，症例・術式に合わせた手術用品パッケージが用意されていて，それを手術室で展開・配置するだけで済むのであれば，肉体的にも精神的にも非常に楽になるのである。

　テクニカルバイヤーは，医師であろう。ホギメディカルが他社製品，たとえば，メスやガーゼ，生理食塩水等々を注文通りに揃えることは可能なのか。パッケージングでミスは生じないのか。さらには自らが手術のときに用いる特注品は，きちんと用意されるのか。ホギメディカルはこのような問題に応えていかなければならなかった。

　標準的な製品については購入すれば済むことであるが，特注製

品となると，ホギメディカルが競合ではないにせよ，それらのメーカーはそう簡単には他社に販売してくれない。このため，当初は自社製品をはじめとする標準品のパッケージを中心に販売していたホギメディカルは，やがて特注品の製作をも請け負うようになる。また，パッケージミスの有無を医療現場でも確認できるように，現場用のチェックリストを用意した。

実は，ホギメディカルにとって，隠れたサポーターであったのが，エコノミックバイヤーの事務方（主に経理）であった。看護師の労働時間の観点から，手術準備に時間がとられれば，手術室の稼働率を高めることができない。このため，常に手術用品の在庫を多く抱え，期限切れを迎えたものは，廃棄しなければならなかった。術前準備時間が短縮され，病院自らが，その一部にせよ，手術用品の在庫を抱える必要がなくなるのであれば（ホギメディカルに発注すれば，最短で4日後には納品される），在庫コストが削減できる。さらに手術室の稼働率向上，入院期間の短縮化によって，売上げ増が見込めるのである。

現在ホギメディカルは，手術を中心に，資材管理，手術管理，業務管理，さらには原価計算に至るまで，病院経営を効率化するためのコンサルテーションを行うまでに至っている。オペラマスターという手法は，メッキンバッグおよび手術用不織布の拡販を目指した手法であったが，エンドユーザーの悩みに応え，テクニカルバイヤーを納得させ，エコノミックバイヤーを喜ばせることによって，会社を成長に導いている。そこにあるのは，テクニカルバイヤーに対しては，コスト的には割に合わないと思われる特

> 手術待ちの入院患者から得られる保険点数収入は，術後の入院患者よりも少なく，術前入院期間を可能な限り短く設定したいというのが，一般的な病院経営である。

注品の対応も行うようにしつつ，エコノミックバイヤーに対しては，徹底したデータ主義で，看護師の間接業務時間配分，手術室の稼働率，手術用品在庫回転率，在庫コスト等々のデータを示し，顧客獲得の成果を上げているという点である。

あえて競合を作り出す

ニッチ市場攻略の方法は，悩みを抱えているエンドユーザーを見つけ出し，それらの背後にいるテクニカルバイヤーおよびエコノミックバイヤーをいかに納得させるかにかかっているといっても過言ではない。実利主義者である彼（女）らには，データ主義で臨まなければならないこと以外に，あと1つ片づけておかなければならない問題が残されている。それは，第1節で述べた「ユニークさの罠」への対応である。

　実利主義者は懐疑的で，新規なものを敬遠する。ところが破壊的技術を含めユニークな新製品は，それこそオンリーワンであることが多い。そうした状況では，実利主義者は「買い控える」のが常である。ではどうすればよいのか。ムーアは，「競争を作り出せ」という。もう少しいえば，本来競合ではない既存製品に関連づけて，仮想的に競合状況を作り出すのである。

　そうした事例の1つとしてムーアが取り上げているのが，シリコングラフィックス社の映画編集用ワークステーションである。シリコングラフィックスは，周知のように，コンピュータグラフィックス（CG），とりわけ3次元映像分野でのイノベータで，2009年4月1日に，連邦破産法第11章（日本における会社更生法にあたる）の適用申請を行い倒産するが，同日に，ラッカブル・システムズ（Rackable Systems）による買収が発表され，同年5月8日に買収が完了し，同18日にラッカブル・システムズは，社

3 超越のための実践

名を Silicon Graphics International Corp. へと変更した。

そのシリコングラフィックスが最初にターゲットにした市場が、ハリウッドの映画フィルム編集分野であった。カッティングルームと呼ばれる映画編集室は、文字通り、フィルムのネガをカットしてつないで、1本のマスターフィルムへと仕上げていく。作業自体が煩雑な上に、当然のことながら、カットミスも生じる。そうなったら大変で、一から撮影し直さなければならない。費用がかかるだけでなく、映画の封切りにまで影響する。そこでシリコングラフィックスが提案したソリューションは、「映像がなければ、作ってしまえ」というものであった。要するに、CG技術をもとにバーチャル映像を仕立てるという発想である。

エンドユーザーである編集室が喜ぶことは間違いない。おそらく、封切り遅れのリスクと撮影コスト増を恐れるプロデューサー、すなわちエコノミックバイヤーも、テクニカルバイヤーが納得すれば、承諾したであろう。問題はテクニカルバイヤー、すなわち映画監督と撮影技師であった。本当にCG技術でリアル映像に迫れるのか、そこが問題であった。しかしながら、シリコングラフィックスのCG技術は、そうした懸念を払拭するには十分であった。ところが、競合が存在しない。「技術の安定性は？」「製品システムの供給体制は？」といった問題をクリアさせたのが、ヒューレット・パッカードやサン・マイクロシステムズ等が当時販促中だったワークステーションを、仮想的な競合製品として位置づけることであった。

ワークステーションという市場はすでに存在し、当時ビジネスコンピュータ分野では成長市場であった。もちろんビジネスユースである。同社はそれにひっかけて、映画編集用のワークステーションを売り出したのである。既存のメインストリーム市場に新

たな属性を付加することによって，本当はオンリーワンであるものを，メインストリーム市場の1セグメントと位置づけるアイデア戦略である。こうした点で特徴的な別のケースを，次に紹介しよう。

サントリーのDAKARAというドリンク商品がある（このケーススタディは，筆者の研究室所属特任助教・中田有吾の講義補助資料に基づく）。2000年，サントリーは新しいスポーツ飲料販売を企画した。スポーツ飲料には，ポカリスエット（大塚製薬），アクエリアス（コカ・コーラ）という既存の大ヒットブランドが存在している。ポカリスエットが「飲む点滴」とも呼ばれ，水分だけでなくミネラルも補給する飲料として販売されているのに対し，アクエリアスはどちらかといえば「水分補給飲料」という位置づけであった。ポカリスエットの販売開始は1980年，アクエリアスの販売開始は83年であった。それぞれ大々的なCMも継続的に展開されており，2000年時点でスポーツ飲料分野に付け入る隙（ニッチ）はあるのか，とさえ思われていた。

サントリー開発チームが検討したことは，①環境分析と市場機会の発見，②セグメンテーション（市場細分化）とターゲティング（標的市場の選定），③ポジショニング，そして④マーケティングミックス（4P），であった。①からは，「スポーツ飲料」というジャンルにありながら，実は顧客の8割がスポーツをしないのに飲んでいることを発見した。②からは，体質改善に関心があるが頻繁にはスポーツできない人，とりわけ30代男性会社員にターゲットが絞り込まれた。

③については，「栄養分補給ためのスポーツ飲料」ではなく「体調を整えるため」ということを掘り下げていき，「老廃物排出を助ける」飲料としてのポジショニングを選択した。結果，④の

図 5-4 新訴求点の導入による新セグメント創造

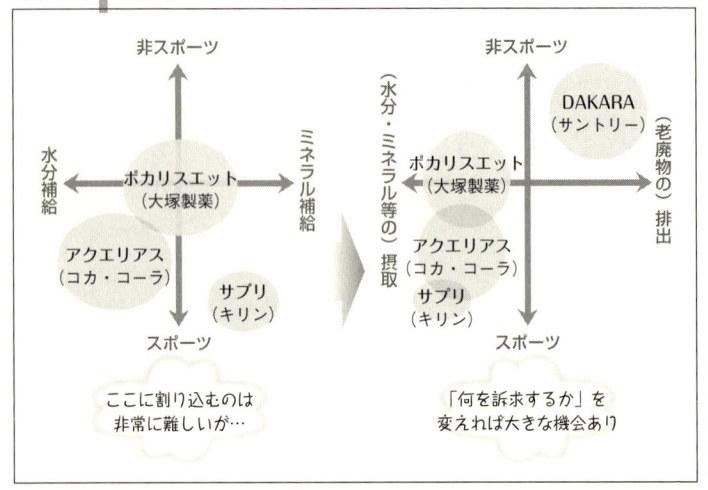

（左側の図）
- 縦軸：非スポーツ ↔ スポーツ
- 横軸：水分補給 ↔ ミネラル補給
- ポカリスエット（大塚製薬）
- アクエリアス（コカ・コーラ）
- サプリ（キリン）
- ここに割り込むのは非常に難しいが…

（右側の図）
- 縦軸：非スポーツ ↔ スポーツ
- 横軸：（水分・ミネラル等の）摂取 ↔ （老廃物の）排出
- DAKARA（サントリー）
- ポカリスエット（大塚製薬）
- アクエリアス（コカ・コーラ）
- サプリ（キリン）
- 「何を訴求するか」を変えれば大きな機会あり

マーケティングミックス（4P）に関しては，製品（product）は，白地にハートのデザインで体調管理をイメージさせ排出を促進する成分を強調し（製品名は"DAKARA"），価格（price）は，他のスポーツドリンクと同価格として栄養ドリンクよりは安い価格を維持した。また流通（place）面では，いつでも買えるコンビニおよび自販機を選択し，販促（promotion）面では，代謝が落ちる冬にあえて集中的に広告宣伝を行い，小便小僧のCMで視覚的に訴求するとともに，試飲キャンペーンをオフィス街や繁華街等で実施した。

図 5-4 に示したように，新たな訴求点を編み出すことによって，既存市場が大きく変貌し，そこに大きな新セグメントが登場する可能性があることを DAKARA のケースは物語っている。栄養ドリンクでもなければ，スポーツ飲料でもない，体調管理飲料だと訴えかけても誰も振り向きもしなかったかもしれない。あえ

て競合を活用するしたたかさが,ニッチ市場の攻略には必要なのかもしれないのである。

4 具体的なタクティクス（戦術）

上述の通り,キャズムを越えるための理論武装を行い,実践上の課題を調べた上で,ついにそのアクションを取るときが来たようである。

エレベータステートメント

いかなる説明もそうであるが,実利主義者を相手にする場合,商品説明は簡潔であるべきだ。必要不可欠な内容を短時間で伝えられなければ,実利主義者はその時点で見向きもしてくれなくなる。エレベータステートメントとは,エレベータに乗っているわずかな時間に簡潔に伝えることができる程度の長さ,ということを示している。

メッセージの内容がどのようなものであれ,長すぎるメッセージは,口コミで人に伝わらない。またメッセージが長いと,誰かがパンフレットやプレゼンテーション用資料を作るたびに,メッセージが違ってくる恐れがある。長すぎるメッセージは,製品のポジショニングに揺らぎを生じさせ,結果,開発工数がかかってしまう。ポジショニングの揺らぎは,協力者や提携企業を見つけ出すのに苦労するだけでなく,つまるところ,有力な投資を受けられなくする。

このようなことを避けるために,ムーアは,次のようなエレベータステートメントの作成を要求する。

これは,
- 【　①　】で問題を抱えている
- 【　②　】向けの,
- 【　③　】製品であり,
- 【　④　】することができる。そして,
- 【　⑤　】とは違って,この製品には
- 【　⑥　】が備わっている。

たとえば,シリコングラフィックスのワークステーションのエレベータステートメントを作ってみると,以下のようになる。これは,①「撮影した映画フィルムの編集」で問題を抱えている,②「フィルム編集技術者」向けの,③「デジタル編集システム」製品であり,④「映像をいかようにも作り出す」ことができる。そして,⑤「サン,HP,IBM等のワークステーション」とは違って,この製品には,⑥「他のフィルム編集機器と接続するためのインターフェース」が備わっている。これに倣って,試しにサントリーDAKARAのエレベータステートメントを完成させてみよう(解答例は,本章末に)。

このエレベータステートメント作成の要点は,「何を盛り込むか」ではなく,「何を捨てるか」であるとムーアはいう。シリコングラフィックスのワークステーションにしても,標準的なワークステーションに備わっている機能(プロジェクト管理,データベース等)は,一通り備わっている。しかし,競合との「本質的な」違いを浮彫りにし,そしてそれを的確に表現しなければ,実利主義者に限らず,人の頭には残らない。シリコングラフィックスの場合,その究極の表現が,「他のフィルム編集機器と接続するためのインターフェース」といった物理的な存在に関するメッセージの中に込められているのである。

もし，このような究極の表現を浮彫りにすることができなければ，そのことは製品のポジショニングに揺らぎを生じさせる。ムーアは，「ポジショニングとは，ターゲットカスタマーの頭の中にこちらの製品に関する観念をしっかりと植えつけることである」ともいう。要するにメッセージを可能な限りソリッドに，先鋭的に仕立て上げなければならないのだ。それができない，あるいはできそうにないのであれば，その商品がキャズムを越えることはない。ヒット商品というのは，ほぼ間違いなく，見事なエレベータステートメントを完成させられる商品である。

ホールプロダクトの発表

　しばしば誤解されることであるが，キャズムを越えるための広告宣伝と新製品の広告宣伝とは異なっていて当然，ということには注意が必要である。いやむしろ両者は異なっていなければならないのである。新製品の発表であれば，発表に先立って業界アナリストやジャーナリストに簡単な製品説明を行い，経営陣が専門誌各社を訪問し新製品発表のイベントの案内状を手渡したりするのはよくある光景で，イベントでは技術の優位性やユニークさを顕示することが，初期市場においては標準的なマーケティング手法である。

　しかし，キャズムを越えようとするのであれば，そもそも新製品ではないはずで，広告宣伝を行うのであれば「この新市場に注目！」といったものが望ましい。期待プロダクトの域を越えて，拡張プロダクトへ，そして理想プロダクトへの展開の可能性を示す，ホールプロダクトの発表こそが望ましいといえよう。この主張の背後に潜む論理は，実利主義者が最も信頼する裏づけはマーケットシェアであり，そのような客観的なデータが存在しない場

合に彼（女）らが次に重きを置くのはパートナー企業や提携企業の数と質，加えて実利主義者が提起する問題に対する解決能力にある，という経験則に基づくものである。

ホギメディカルのオペラマスターを例にとれば，ファイザーやジョンソン・エンド・ジョンソン等の大手企業から商品調達を行え，一部の特注品ベンダーからも仕入れを許され，さらに，パッケージの配送については大手運送会社とも提携しており，手術回数が増加することは病院のみならずこの仕組みに参加する企業すべてにとって利益になる，といった訴えかけが重要なのである。あるいは，シマノを例にとれば，まさに「マウンテンバイクという新市場に注目」というところであろうか。

では，どのような場であるいはメディアを用いて，ホールプロダクトの発表を行えばよいのか。ムーアによれば，まずビジネス紙に取り上げてもらうこと，次にフィナンシャルアナリストに訴えかけること，そして「バーティカルメディア」を活用すること，であるという。ホールプロダクトの成功事例，とりわけパートナーシップや提携関係が功を奏した成功事例はビジネス紙の注目を引きやすい。ただ，ビジネス紙にベンチャー企業がたどり着くのは容易なことではない。であれば，ベンチャー企業をウォッチしているフィナンシャルアナリストに継続的に成功事例を訴えかけ，取り上げてもらうようにするのは1つの手段である。そして，最後に同業者が集まる製品展示会やコンファランス，会合や会議等（これらをムーアは「バーティカルメディア」と呼ぶ）に足繁く通い，ビジネスとしての市場性を訴えかけることが重要である。

流通チャネルの活用

流通チャネルの進化はとどまるところを知らない。卸と小売り

が一体化した大型店舗やコンビニエンスストア，ショッピングモールやそこに映画館等が併設されるコンプレックス，インターネットの直販サイト（e-コマース）等々，その形態は文字通り多種多様である。ここでは，キャズムを越えるための流通チャネルの活用という観点に絞って論じていこう。

　キャズムを越えるためにホールプロダクトを構築中の企業にとっては，顧客との対話が少ないということから，最も避けなければならないのは，流通業者に委託した小売り（それが店舗であれ，インターネットであれ）である。小売りは，メインストリーム市場で活用されるべき流通チャネルであり，少なくとも特定ニッチセグメントを支配できた後に活用すべきチャネルである。しかし，直販，VAR（value added reseller），OEM（original equipment manufacturer）販売，システムインテグレーター（SIer）といった地域や業界に根差した流通チャネルに代えて，流通業者を活用した小売りへの展開は，やがては意識しなければならない課題であることには間違いない。

　期待プロダクトから拡張プロダクトへとホールプロダクトのレベルを高めていく上で，最も望ましいチャネルが直販であることには間違いがない。しかしながら，キャズムを越えるために残された時間と資金に乏しいベンチャー企業やタスクフォースにとって，直販だけでは，顧客の認知度を高め，実利主義者のニーズを掘り起こすのに不十分といわざるをえない。そこで活用されるのが，VAR，OEM，SIerといったチャネルである。

　VARとは，地域や業界に根差した販売業者のことを一般的に指すが，導入，セットアップ，メンテナンスに技術的なコンサルテーションを必要とする場合に重宝される。一方OEM販売は，キャズム越えを狙う製品（キャズム製品）を自社製品に部品とし

て組み込み，自社の直販チャネルで販売しようとする。他方 SIer は，自らが組み上げるシステムに，キャズム製品を組み込み，販売しようとするものである。

VAR について付言すれば，これを狭義に流通業者に限定する必要はなく，むしろキャズム製品を補完する製品あるいはサービスを製造・販売しているベンダーにまでその範囲を広げるべきであろう。相互補完のシナジーから付加価値が創出される可能性があるだけではなく，補完業者がメインストリーム市場に参入しているのであればなおさらのこと，VAR を流通業者に限定する意味はない。この広義の概念からすると，OEM 販売および SIer は，VAR の特殊ケースとして扱うことも可能である。

ただ，OEM や SIer では，ホールプロダクトのレベルを上げるという点からすれば，間接的な効果しか期待できない。なぜなら，それらは，自社製品あるいは自社システムの販売が目的であるため，それらからの意見は，そうした目的からのバイアスがかかりやすいからである。しかしながら，OEM 企業や SIer の認知度を活用できる，ということは忘れてはならない。したがって，キャズム越えには，直販，VAR，SIer，OEM 販売の順に流通チャネルを活用すべきであろう。

次に，キャズム越えにおけるインターネットの活用について触れておくと，ホームページにおいて，インターネット直販は，目立つ存在であってはならない。インターネット流通は，コモディティが中心で，決してキャズム製品には向いていないからである。ホームページの役割は，ホールプロダクトを広報することであって，導入事例，サードパーティとの協業成功事例等，上で述べた「ホールプロダクトの発表」を心がけるのが常道である。

価格設定

タクティクスの最後は，価格設定である。そしてこの問題は最も難しい問題でもある。キャズム越えを目指す企業にとって，時間と資金に限りがあるのは，このためだ。ムーアがわかりやすいたとえを提示している。企業の手持ち資金の減少を可能な限り抑えるために，営業マンの年間ノルマを仮に120万ドルとする。この場合，毎月の売上げノルマは10万ドルとなる。次にセールスサイクル（営業開始から成約まで）が6カ月で，成約確立が50％，販売価格が10万ドルであった場合，その営業マンが1カ月に何社と商談を続けないといけないかを計算してみよう（計算式は本章末を参照のこと）。

答えは，1カ月に12社と継続的にコンタクトをとらなければならないということである。セールスサイクルが9カ月に伸びれば，その1.5倍の1カ月18社となる。そのうち価格設定が5万ドルになれば，1カ月に36社を常に抱えていなければならないことになる。セールスサイクルが半年以上の商品で36社を抱えるのは，現実離れしているといえるであろう。

この例から主張されるのは，キャズム越えを目指す企業にとっては，キャッシュフロー上，下限となる価格が必ず存在する，ということである。もちろん，最初の1社に要するセールスサイクルと，成功事例が増え始めたときのそれとでは明らかに異なるであろう。しかし，ホールプロダクトのレベルアップを果たそうとすればするほど，セールスサイクルは長くなる。それゆえ，下限価格が必ず存在する。

この下限価格が，メインストリーム市場を形成している競合製品（仮想競合を含む）と大きくかけ離れているのであれば，キャズム越えは難しくなる。しかしながら，競合製品よりも2,3割

高いからといって顧客が買わないかといえば、そうでもない。要するに、コストパフォーマンスに依存するのである。プレミアム価格を支払っても余りあるパフォーマンス（問題解決やコスト削減）が得られるのであれば、顧客は将来への投資だと思ってキャズム製品を購入する。そのためには、データに裏打ちされた合理的な「投資効果」が必要不可欠なのだ。

ただ、気をつけておかなければいけないのは、エコノミックバイヤーには予算枠（予算権限）というものがあり、その枠を超えては購入されなくなってしまう。キャッシュフロー上の下限価格とエコノミックバイヤーの予算枠内で、最大限のコストパフォーマンスを実現する価格設定が求められるのである。

参考文献

Davidow, W. H. (1986), *Marketing High Technology: An Insider's View*, New York: The Free Press.（ダビドウ，W. H. 著／溝口博志訳『ハイテク企業のマーケティング戦略』ティビーエス・ブリタニカ，1987年）

Levitt, T. (1969), *The Marketing Mode: Pathways to Corporate Growth*, New York: McGraw-Hill.（レビット，T. 著／土岐坤訳『マーケティング発想法』ダイヤモンド社，1971年）

Moore, G. A. (1991), *Crossing the Chasm: Marketing and Selling High-tech Products to Mainstream Customers*, New York: HarperBusiness.（ムーア，G. 著／川又政治訳『キャズム――ハイテクをブレイクさせる「超」マーケティング理論』翔泳社，2002年）

Moore, G. A. (2006), *Crossing the Chasm: Marketing and Selling Disruptive Products to Mainstream Customers, revised ed.*, New York: HarperCollins Publishers.

解答例: DAKARA のエレベータステートメント (148頁参照)

①運動不足,②30代男性会社員,③スポーツドリンク,④体調を整える,⑤ポカリスエットやアクエリアス,⑥老廃物の排出効果

解答例: 営業マンのノルマ (153頁参照)

セールスサイクルが6カ月で,1年は12カ月なので,

12 ÷ 6 = 2（社）

成功確率が2分の1なので,

2 × 1/2 = 1（社）

1年間で2社としか商談を行わなければ,結局成約できるのは年間1社で売上高は10万ドル。これは1カ月のノルマにしかならない。したがって,

120 ÷ 10 = 12（社）

1カ月に12社と営業しなければならない。

第6章

エコロジカルニッチの薦め

突破口をどのようにして見つけるか

Introduction

　第5章では，破壊的技術あるいは新技術がメインストリーム市場で受け入れられ成長するための「キャズム越え」について，ニッチ論を中心に議論してきた。技術が製品として導入され，それが市場での信認を得るようになるには，まず特定顧客からなる小規模市場，すなわちニッチ市場を占有し，それを橋頭堡にしてメインストリーム市場に進出すべき，というものであった。

　本章では，このニッチ戦略が，実は，情報通信技術（ICT）の進展によってコモディティ化しやすい市場環境においても有効な市場戦略であることを，まず確認する。そしてニッチ戦略を推し進めていった場合，ある条件が整えば，メインストリーム市場での競争パラダイムを変化させ，結果，これまでニッチであった市場がメインストリームへと変化する可能性があることに言及する。そして最後に，ニッチ戦略をとりうる産業連関・構造について考察し，ニッチ論に産業生態学的な視点を導入する。ポーターの産業クラスター論に遡り，いわゆる「ダイヤモンド」の枠組みからクラスターが企業の存続に与える影響について，考察する。

　本章は，本書の結論の章でもある。事業を創造しその存続可能性を高めていくために，「商流プラットフォーム」という概念を中核に，どのような戦略とマネジメントが求められるのかについて，主にカネカのケースを中心に議論を進める。

1 コモディティ化の論理

コモディティ化とは

インターネットに象徴されるICTの進展，経済のグローバル化によってもたらされたメガコンペティション状況は，プロダクトライフサイクルを短期化するだけでなく，マーケティング上のセグメント戦略の徹底によって，製品・サービス間の差異が認識されにくいコモディティ化現象を出来させている。コモディティとは，本来，原材料，日用品，一般品，標準品などを意味するが，要は，同一価格帯にある製品群はどれもみな同じという認識をユーザーが有してしまう状況が，コモディティ化にほかならない。

ある製品が市場に受け入れられ，その売上げが伸び始めると，新たな機能や付加価値を謳った追随製品が登場する。マーケティング的には，新たなセグメントが編み出され，差別化が行われることになる。セグメント化は精緻化を極めていき，市場は多種多様な製品群によって構成されることになるが，やがて売れ筋が定まり，価格帯と機能（ベネフィット）によってプロットされた価格ベネフィットライン上に，売れ筋製品が図 6-1 のように直線的に並ぶ状態に落ち着く。

図中，斜めのライン上の大きな円が1つのセグメントを示し，その中に吸収されているのが各セグメントにおける製品群である。これらの差異がほとんど認識されず，また，中心的ベネフィットの格差と価格格差との線形相関がはっきりしていればいるほど，コモディティ化しているといえる。また，ベネフィット格差と価格格差の密度が増し（この図では価格もベネフィットも1から

図 6-1　価格ベネフィットラインとコモディティ化

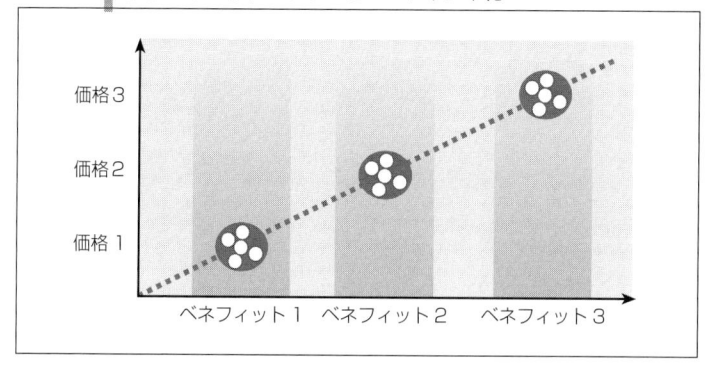

3までであるが、それが同じ図面上で1から10まで描かれるようになり、その相関が鮮明に（それこそ、破線のような一直線を形成するように）なればなるほど、コモディティ化は進んでいることになる。たとえば、ダイヤモンドのきめ細かい等級（ベネフィット）と価格などはその典型である。

プロダクトライフサイクルの短期化とそれに伴うコモディティ化によって惹起される競争激化を「ハイパー競争」と称したダベニーによれば、コモディティ化の進行は、次の3つの罠を企業に仕かけてくるという（D'Aveni, 1994, 2010）。「安物化の罠」(deterioration trap)、「乱立の罠」(proliferation trap)、「過熱の罠」(escalation trap) である。

コモディティ化とは、そもそもターゲットマーケティングによってセグメント化が進み、参入企業の乱立状況から、競争の過熱化が進み、デルやザラのようなローエンド破壊者の登場によって、安物化が加速する、ということであるが、ダベニーはそのインパクトの大きさから、上記の順で説明を展開する。以下ではダベニーに倣って、同じ順番で詳しく見ていくことにしよう。

1 コモディティ化の論理

安物化の罠

この罠は、コモディティ化した市場において、いわゆる定番商品を模して提供された商品（違法な偽造ブランド商品は対象外）、すなわち廉価版クローン商品の登場によって仕かけられることになる。コンピュータ業界における「デル化」、ファッション業界での「ザラ化」等は、その典型例であろう。

デルは、ウィンドウズとインテルのアーキテクチャ（PCIバスやUSB等）がデファクトスタンダード化したことによって登場したIBM-PCコンパティブル市場で、高度でかつ充実したサプライチェーンネットワークを構築することによって、低価格でありながらも、顧客ニーズ（CPU速度、メモリ・HDD容量、ソフトウェア、モニタ等の選択制）を反映したPCを提供し、大成功を収めた企業である。規格化が進んだPC業界において、インターネット直販と高度なサプライチェーンネットワークによって、PC市場に価格破壊をもたらした。

またザラも、アルマーニやドルチェ&ガッバーナ、プラダ等の既存高級ブランドを模したクローンデザインと、ICTを積極的に活用することによって実現した低価格路線で、市場を席巻した。いわゆるローエンド破壊といわれるビジネスモデルをファッション業界で展開し成功を収めている。

PC市場のコモディティ化については、これまで何度も説明してきたので割愛することにして、ファッション業界について付言すれば、1960年代、フランスやイタリアの高級服飾店はグローバル展開を模索していた。オートクチュールというジャンルで有名デザイナーが顧客向けに世界に1つしかないオーダーメードの洋服を仕立ててショップ経営を行っていた服飾店が、グローバルに展開していくために考え出したのが、プレタポルテ、いわ

ゆるレディメード製品（既製服）である。シャネル，ディオール，バレンチノ，アルマーニ等々，デザイナーの名をそのまま冠したブランドが付けられたプレタポルテが，世界の市場に進出していくことになった。

さらに，それらのブランドの多くは，ヤング，カジュアル，ワーキングをキーワードに，廉価版（ディフュージョン）ラインを創出し，製品ラインナップを広げていった。ドルチェ＆ガッバーナのD&G，アルマーニのコレツィオーニ，エンポリオ，A／X，ラルフローレンのパープル，ブラック，ホワイトといったレーベルは，その典型例であった。各ブランドは，プレタポルテ領域で価格帯とベネフィットがほぼ一直線になるように，ライン形成を行っていったのである。

議論を見えやすくするために，ファッション業界における上記の流れを整理すると，プレタポルテの一般的なブランドは，価格帯的には，高級，中級，低級の3階層を用意し，それぞれのラインにおけるデザインミッション（ファッションとして目指している方向性）を異なるように設定することによって，年齢構成や利用場面における多様性に対応し，顧客を囲い込もうとしていったのである。

したがってプレタポルテの市場においては，価格帯的には競合するブランドやラインはあっても（たとえば，シャネル，バレンチノ，アルマーニ等々），趣味性・指向性等の違いもあって，顧客は，いわゆるシャネラー（シャネル愛好家）などと称されるように，原則として囲い込まれていたため，とりわけ中・高級ラインにおいては，1980年代辺りまではコモディティ化といった状況は見られなかった。

しかしながら，1990年代から，ギャップ，ベネトン，H&M等が，

定番・低級ラインから中級ラインへと伸長し，さらには，中級と低級ラインの溝を埋めようとするディーゼル，リプレイなどのブリッジブランドが登場したことによって，中・低級ラインにおけるコモディティ化が一挙に進み，それに拍車をかけたのがザラで，すべてのブランドがそれへの対応を余儀なくされることとなったのである。

1975年，スペインのラ・コルーニャにてザラは店を開いた。ファストフードならぬ，ファストファッションをコンセプトに，プレタポルテブランドのデザインを真似ることと，サプライチェーンを充実させることによって，低価格での販売を実現した。スペインで人気に火がつき，ICTを積極的に活用してデザインのデジタル化とサプライチェーンネットワークを構築することによって，プレタポルテブランドのクローン品が1, 2週間の遅れで世界中の店頭に並ぶようにした。

これにより，コモディティブランド，ブリッジブランド，プレタポルテブランドすべてが大きな打撃を被った。ギャップやH&Mは，価格ベネフィットの関係からより低価格の商品を販売せざるをえなくなり，利益率を圧縮させた。ディーゼル等のブリッジブランドは，行き場を失い，カバンや雑貨等の周辺領域に追いやられた。プレタポルテブランドの中・低級ラインは，同一シーズン中にアウトレットに商品を流さなければならなくなったし，ラインコンセプトを変えて中・高級路線へとシフトしなければならなくなった。しかしながら，そこには既存ブランドの固定客がいて，そう簡単には付け入る余地はなかったのである。

> 3Dカメラで模倣対象の洋服を撮影し，そのデータをCAD（computer aided design）のソフトウェアにインプットすれば，大量生産向けの型紙は容易に作成可能となる。

乱立の罠

ダベニーは、乱立の罠が起きる状況を次のように説明する。「新たな価格とベネフィットのポジションをとる製品が乱立する。新しいポジションは、それぞれに顧客層のある一部だけをターゲットとし、市場を細分化して、的を絞った新しいビジネスモデルを用いる。そうすることで小さな顧客セグメントに集中し、そのニーズを満たすものを提供する」(D'Aveni, 2010, 邦訳88頁)。要するに、フルラインナップ戦略が崩壊する状況を乱立の罠と呼び、過度の差別化競争によってもたらされる罠であるともいう。

であれば、これは市場の成長期においてよく現れる状況であり、コモディティ化への移行段階ともいえなくはない。ニッチセグメントが乱立してくることによって、価格とベネフィットが日夜再定義され、その繰返しによってコモディティ化が決定的となる、というものである。ダベニーが紹介するケースでは、百貨店(とりわけシアーズ)とホテル(とりわけIHG, ヒルトン、スターウッド)業界が主に取り上げられているのだが、それらもコモディティ化の進行プロセスを説明したケースである。

百貨店業界の大手・シアーズは、1990年ごろから、専門特化したカタログ販売、モールの専門店、Kマートやウォルマートといった大型ディスカウント店、BJ'sホールセールクラブのような会員制ディスカウント店によって、自らの市場を侵食され、売上げ規模のみならず、利益率を大幅に落としていった。

そこでシアーズは、まずローエンドの市場をウォルマートやKマートに明け渡すことにし、多数の商品ラインを廃止した。続いて、カタログ販社向けの製品提供は行ったものの、カタログ事業からは撤退した。そして、「ソフトなシアーズ」キャンペーンを展開し、高級ブランド品や新たなカテゴリー商品を取り扱うこと

1 コモディティ化の論理

で,高級百貨店と競おうとした。さらに,シアーズハードウェア,NTB(自動車部品),家具チェーン店,ガーデニングチェーン店等は独立系専門店舗として装いを新たにしたものの,結局,ビジネス展開の焦点を絞り切れず,シアーズはKマートに買収されることになった。

ホテルグループにおける買収を通じてのライン拡張は,乱立の罠を招き入れ,コモディティ化を一挙に進めた典型例であろう。たとえば,インターコンチネンタルホテルグループ(IHG)は,インターコンチネンタルをフラッグシップに,クラウンプラザをアッパーミドルとして,ミドルクラスにホリデイン,そのやや下のランクにホリデインエクスプレス等々を抱えるホテルグループである。いわゆるホテルのランクを示すこれまでの星数(5つ星を最高ランクに設定)でいえば,インターコンチネンタルが5つ星,クラウンプラザが4つ星,ホリデインが3つ星,というところである。

これに対して,ヒルトングループは,アメリカを代表する高級ホテル・ウォドルフアストリア,プロマス社傘下のエンバシースイート,ダブルツリー,ハンプトンを傘下に入れ,ライン拡張を図っていった。ウォドルフアストリアは,ニューヨークを訪れる各国元首が宿泊する別格のホテルで,それこそ,星勘定の対象外とされるホテルであった。

こうしたホテルがヒルトングループに組み入れられるようになったことなどから,星勘定は,7ランクにまで拡張され,コンラッドが6つ星に,ヒルトンは5つ星に,エンバシースイート,ダブルツリーは4つ星に,ヒルトンガーデンは3つ星に,そしてハンプトンは2つ星にランクされるようになった。まさに,この5つ星勘定から7つ星勘定への転換がヒルトンの狙いであり,

ウォルドルフアストリアを組み入れることによって，IHG よりも上位ランクのホテルグループであることを市場に訴えたのである。

こうした動きに対抗しようとしたのが，セントレジス，シェラトン，ウエスティン等を抱える，スターウッドグループである。同グループは，W(ダブリュー) やアロフトといった，いわゆる「ライフスタイルブランド型」のチェーンを展開し新機軸を打ち出そうとしている。内装をブランドデザイナーに任せたり，1 点ものの高級家具を備えつけたり，あるいはファビュラスなバーやレストランを併設したりして，乱立の罠から抜け出そうとしている。一方，IHG も，2007 年 10 月から 3 年計画でホリデイインに 10 億ドルを投資し，価格に敏感な観光旅行者を対象とするのではなく，ビジネスマンを対象にするように，ホテルをリノベートした。

このようなターゲットマーケティングと新たなベネフィットの創出によって，ホテル業界は日々熾烈な競争を営んでいる。しかし，エクスペディア，アゴダ，ベネーレといったホテル予約サイト上では，それぞれのホテルは，価格帯と人気ランキングによってきっちりと色分けされて表示され，コモディティ化が著しく進んだ状況を窺い知ることができる。

過熱の罠

乱立すれば，競争は過熱し，価格競争は避けられなくなる。競合他社を出し抜くべく，価格を維持したまま新たなベネフィットを加えたり，ベネフィットはそのままで価格を下げたりするものの，競合他社も追随し，そこから抜け出せなくなる状態が「過熱の罠」である。PC における CPU やメモリのスペック競争，液晶テレビの価格競争等，過熱の罠から抜け出せず，窮地に追い込まれた企業の例は枚挙に暇がない。現にいま紹介したホテル業界は，

乱立と過熱の罠の真っ只中にいる。

では，どのように対応すればよいのか。1つには競争の緩和，2つには競争の回避，3つには競争のリードである。まず，第1の競争の緩和についていえば，会員制・ポイント制等がその典型例であろう。顧客に会員資格あるいはポイントを付与することによって，そのロイヤルティを高めてほかへのスイッチングコストが高くなるようにし，顧客を囲い込む方法である。もともとはエアライン業界で開発されたマイルポイント制が，今ではあらゆる小売業で行われている。

第2の競争の回避であるが，これはコモディティ化していない市場へと軸足を移す戦略で，一種の選択と集中の結果である。たとえば，第4章で取り上げたIBMは，デルからの攻勢を受け，PC事業部を売却し，ハイエンドのサーバ等に特化するだけでなく，ソリューションプロバイダーとしての再生の道を選択した。また，ファッション業界では，たとえばアルマーニが，家具やホテル事業を手がけるようになり，中低級ラインのエンポリオやA/Xは途上国向けに活路を見出そうとしている。

第3の競争のリードであるが，これは成功すれば，一番大きな果実を得ることになる。なぜなら，競争緩和の場合，緩和する代わりにロイヤルティ維持コストを支払わなければならないし，また競争を回避する場合，状況によっては撤退コストを支払わなければならないからだ。

では，どうすれば競争をリードすることができるのか。それは市場トレンドの先を読むことである。上記の例でいえば，スターウッドホテルグループがライフスタイルブランドを創出したのが，その典型である。先読みのわかりやすい例としてアメリカでのガソリンスタンドの営業形態の推移を紹介すれば，1960年代まで

はフルサービスだったものが,70年代にはセルフサービスに取って代わられ,80年代にはコンビニを併設するようになり,90年代は安心・安全な場所をセールスポイントにし,2000年代にはファストフードやさまざまな商品を扱うようになり,将来的には電気自動車向けのパワーサプライ等の代替燃料補給所として機能するようになるであろうという予測がある。こうしたトレンドを他社よりも少し先に読めていれば,競争をリードすることが可能となり,先発者優位を持続的に享受することが可能となるのである。

　実は日本の小売りファッション業界にも,こうした先見性のゆえに急成長を遂げている企業がある。1973年に株式会社スコッチ洋服店のカジュアル部門を分離して創業,数々の子会社を設立するとともに他社も複数買収し,2001年12月にはジャスダック上場,04年2月に東京証券取引所第二部上場,06年8月同取引所第一部上場を果たした,株式会社パルである。

　コモディティ化による低価格化が著しいヤングファッション市場において,パルの躍進を支えているのは,創業者・井上英隆が開発したファッショントレンドの羅針盤「パル・マップ」にほかならない。過去数十年に及ぶファッショントレンドを分析した結果,井上はそのトレンドがほぼ12周年周期で,螺旋状に進化していることを発見する。トップモードは3年続くが,それ以降は下火になり始める。また,モード化する前も3年程度かかるという。

　図**6**-2のパル・マップを説明すれば,ファッションのジャンルは,大きく「ドレスアップ（タウン）」と「ドレスダウン（カジュアル）」の2つに分かれ,それらはまた,硬くきっちりとした「ハード」指向と,軟らかな「ソフト」指向からなり,結果

1　コモディティ化の論理

図 **6**-2　パル・マップ概略図

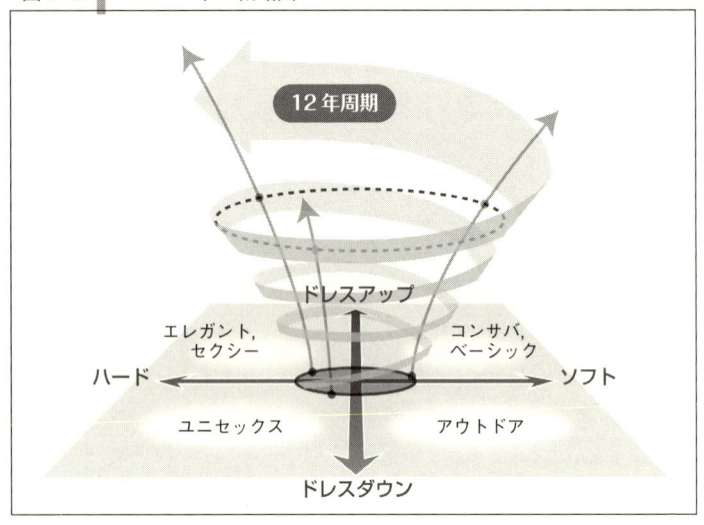

12年周期

ドレスアップ

エレガント,　　　　　　　　コンサバ,
セクシー　　　　　　　　　ベーシック

ハード ←　　　　　　　　　　　　　　→ ソフト

ユニセックス　　　　　　　アウトドア

ドレスダウン

4象限が構成される。そして各象限は12年周期で循環していく。現在の主流モードがコンサバ，ベーシックであれば，次は，エレガント，セクシーになり，その次はユニセックスへ，そしてアウトドアへと，約3年間隔で移行するというのである。そして同社では主流モードになる3年程度前から準備を始め，モード化に備える。

こうした移行プロセスは平面的ではなく，勾配を持った螺旋状に遷移していく。それは，その時々の社会経済情勢，素材・工法等のイノベーションからの影響による。また，図中央の円領域が拡大する傾向にあるのは，社会の進化に伴う多様化・個性化傾向を表しており，モードに遷移はあるものの，消費者自身がこだわる固定領域が拡張してきていることを示している。

井上はいう。「当社のデザインは，すべていわゆる『マーケッ

トイン』型です。大手アパレス業者がやってきたような有名デザイナーを活用した『プロダクトアウト』型ではありません。パル・マップをもとに社員たちの中から、次のトレンドになるブランドが提案され、それを自分たちでデザインし、3年程度かけてじっくりとモード化するのを待っているのです」（筆者インタビュー、2013年9月9日）。こうしたパル・マップのような羅針盤があれば、競争をリードすることも可能となろう。

2 コモディティ化からの脱出

コモディティ化は、いかなる市場においても生じうる。第5章で紹介したキャズム論からすれば、メインストリーム市場が、「市場」化すればするほど、すなわち価格ベネフィットについて比較考量する製品・サービスが多くなればなるほど、市場はコモディティ化しやすくなり、やがては企業名や製品名のブランドとベネフィットとの関係から、消費者行動が方向づけられていく。このことは、裏を返せば、成長・成熟する市場は必ずコモディティ化するということにほかならない。むしろコモディティ化しなければ市場は成長しないとさえいえよう。

ただ、その先に「デル化」「ザラ化」のような、ダベニーがいうところの「安物化の罠」等が待ち受けており、激しい価格競争と新たなベネフィットの創出に向けて企業としては走り続けなければならないことは確かである。その対応策について、以下では少し観点を変えて論じていきたい。

垂直的対水平的マーケティング

コモディティ化は,ターゲットマーケティングの徹底によって,ニッチセグメントが乱立し,それが過熱していくことによって,充実したサプライチェーンネットワークを構築した企業によるローエンド破壊が行われることによって,一挙に進む。そうした状況に対して,恩蔵直人は,「垂直的マーケティング」の限界を指摘し,「水平的マーケティング」の可能性を指摘する(恩蔵,2007)。

垂直的マーケティングとは,従来型のターゲットマーケティングのことを指し,「市場全体を狙うのではなく,何らかの切り口で市場を細かく分け,分けられた市場のいくつかをターゲットとして狙う」手法で,「市場を絞り込むことにより,当該セグメントの顧客ニーズを明確化でき,よりニーズに適合した製品やサービスを提供できる」ものの,「垂直的マーケティングでは,どうしても既存市場が出発点となってしまい,そこから個々のセグメントへと目を向けて行くために,既存市場の枠から飛び出したようなアイデアが導かれることは少ない」と恩蔵はいう(同 100-101 頁)。

そこで恩蔵は,「水平的マーケティングの可能性」を示唆する。「水平的マーケティングとは,何らかのギャップを意図的に引き起こし,そのギャップを埋めるような変更を繰り返しながら解決の糸口を探り当てるマーケティング手法であり,ラテラル・シンキング(lateral thinking)によって実現される。(略。そして)論理的にストーリー展開されるバーティカル・シンキングに対して,ラテラル・シンキングではギャップを引き起こし,次々にギャップを埋めるような拡散的なストーリーが展開される」(同 102-103 頁,括弧内引用者)というのである。

たとえば，朝食に牛乳等と一緒に食べるシリアルと呼ばれる製品があるが，この製品の一般的なセグメントは，フレーバー（チョコレート味，フルーツ味等），栄養添加（ビタミン，カルシューム等），食感（嚙みごたえ，喉ごし等），それに素材（オーガニック，非オーガニック等）といった次元から構成され，細分化とコモディティ化は非常に進んでいる。ところが，「シリアルバー」という製品があり，これは朝食を念頭に置かずに，「いつでも自由に食べる」というように，新たな食事場面が展開されている。「朝食」というものに囚われないことから「ギャップ」が生み出され，それを解決していくというのが，ラテラルシンキングに基づく水平的マーケティングというものである。

　要するに，ギャップは，いわゆる「常識」に囚われない新たなアイデアの創出であり，「代用」「結合」「逆転」「強調」「並替え」の5つの技法によって生み出すことが可能である，と恩蔵は主張する。代用とは，製品のある要素を取り除き，別のものに置き換えることであり，結合は，製品の要素を保持しつつ別の要素を加えることである。逆転は，製品の要素を否定し，強調は，製品の要素を極度に拡大するか縮小し，並替えは，製品の要素を並べ替える（強調点の順序を変える）ことである。

　任天堂のWiiの誕生などは，この水平的マーケティングに基づくものであったかもしれない。「子ども」がテレビの前で「座って」遊んでいたものを，「家族」みんながテレビの前で「動きながら」遊ぶゲームシステムに変更したことによって，新たな需要創造につながったことは確かである。

　しかしながら，企業戦略論的な立場から見れば，水平的マーケティングも，既存市場を構成するセグメント（あるいは製品を構成する機能・ベネフィット）から出発せざるをえない状況であるな

らば,ギャップを生み出し新たな価値創造を行えたとしても,結局は「乱立の罠」にとどまったままといえるのではないだろうか。事実,あれほど爆発的にヒットしたWiiでさえも,初期費用がほとんどかからない「安かろう,悪かろう」のインターネットゲームに押されて停滞気味であることは間違いない。要するに,コモディティ化において最も恐ろしい,「安物化の罠」にはまってしまっているのである。

それともう1点忘れてはならないのは,他社の模倣困難性である。乱立および過熱の罠は結局のところ,模倣されやすいがゆえに,そうした罠が仕かけられてくるのである。水平的マーケティングによって,独創的な新セグメントが創出されたとしても,そのアイデアの模倣が容易であった場合,結局はまたコモディティ化からは抜け出せないことになる。もちろん,上記のパルのように,他社が模倣してきたころには,モードの旬は終盤を迎え,パルとしては次のステージに向けた準備を進めているというように,競争を常にリードできる先見性があれば問題はないかもしれないが,それがない場合,持続可能性をどのように担保するのかというのは重要課題である。

エコロジカルニッチ戦略

市場参入においてニッチセグメントを選択することは,いかなる市場戦略においても定石であり,そのことは,**第2章「イノベーションのジレンマ」**においても,とりわけHDD市場を典型例として解説してきた。その上で筆者は,第5章のキャズム論において展開したニッチ戦略に基づき,コモディティ化から脱出する方法として,エコロジカルニッチ戦略を提唱する。

その基本は,第5章でも述べたように,まず「ニーズ」ではな

く,「ウォンツ」を探れ,というものである。ニーズとは,顧客が意識あるいは半意識している自らの望みであり,利便性・快適性の実現につながる。他方ウォンツとは,顧客が意識している苦痛,悩み,問題であり,これらが解決・解消されたならば,救命された患者のように,プライスレス(価格の付けようがない)と感じるという状況が待ち受けている。

ウォンツのソリューションは,既存の製品あるいはサービスをシステム化したものでなければならない。既存製品・サービスを利用しなければ,メインストリーム市場での保守的な顧客には受け入れられない。またシステム化しなければ,他の顧客への展開は望めない。システム化は,技術志向のハードウェアでもソフトウェアでもよい。ただ,技術的な解決に限界がある場合,残余にあるサービスについて定型化を進める必要がある。これらなくしては,いくらニッチといえども,企業規模を支えるだけの売上げは期待できない。

そして次に,エコロジカルニッチ戦略において重要視するのは,サードパーティ(補完業者)を巻き込んだ積極的なサプライチェーンマネジメント(SCM)と,それに基づく「商流プラットフォーム」の構築である。商流プラットフォームとは,技術および顧客ニーズに関する情報が集約され,それをもとに,主要プレーヤーのみならずサードパーティの連携枠組みが整備される仕組みのことをいう。その典型例は,第**5**章で紹介したような,シマノおよ

> 商流プラットフォームは,産業流列に関するイメージからすれば,原材料—部品—完成品—流通という垂直的関係において生じるので,水平的なイメージがある,プラットフォームという用語に違和感を覚える向きもあるかもしれない。しかし,サードパーティが参加しやすい商流が構築され,それによって産業自体が発達することは,ネットワーク効果と同義の状況が訪れることになるため,ここではあえて商流プラットフォームという用語を用いることにする。

2 コモディティ化からの脱出

びホギメディカル等の取組みである。

　本節の冒頭でも述べたように，コモディティ化は，ニッチセグメントの乱立する状況において，ちょうどデルやザラのように，SCM を積極化させたローエンド破壊を行う企業によって一挙に加速する。であれば，それを事前に防御するあるいはそれに対抗するには，補完業者を巻き込んだ SCM のもとで商流プラットフォームを構築することが，その要諦をなすと考えられる。

　「エコロジカル」という用語は，この商流プラットフォームを強く意識したものであり，顧客，補完業者，競合，および自社を取り巻く産業生態系（industrial ecosystem）における戦略，ということを含意している。その詳細に関する理解を深めるため，以下に筆者が事例分析を手がけた株式会社カネカ（以下，カネカ）のケースを紹介することにする。

(1) カネカロン事業の再生

　1957 年，カネカはモダアクリル系繊維・カネカロンを事業化した。当時，アクリル系繊維は，カネカロンを含め先発 4 社でスタートしたが，アクリル繊維でなければならない市場を見出すことができずに各社とも苦労し，先発 4 社が揃って経営危機に陥ったことから，「魔のアクリル繊維」といわれた。その中でもカネカロンは，他のアクリル繊維と比較して「紡績性」と「染色性」において劣位にあったため，とりわけ状況が厳しかった。紡績性と染色性に劣れば，それまでの常識としては，繊維として使いものにならず，当然のことながら，事業撤退についても詳細な検討が加えられた。

　しかしながら，カネカロン事業からの撤退は，カネカ自体の事業構造を揺るがしかねないものであった。すなわち，カネカロンの原料の半分が，自社製塩ビモノマーであったため，カネカロン

の撤退は,カネカの塩ビモノマーの自社生産を半減させ,塩ビモノマーの稼働率低下は,塩ビモノマーの主原料である塩素の自社生産をこれまた減少させることになり,そのことは塩素の併産品である苛性ソーダの減産をも招くことになる。さらにカネカロンは蒸気の使用量が多く,火力による自家発電の規模も支えていたので,低コスト発電さえも難しくなる。このように,カネカロン事業には,きわめて高い撤退障壁が存在していたのであった。

そこでカネカは,カネカロンの繊維としての劣性,すなわち「紡績性」と「染色性」の悪さを認識しつつ(染色性については,その後の研究開発によって改良),それが活かせる市場を模索する。そこでまずたどり着いたのが,ウイッグ(女性用つけ毛)市場であった。この市場であれば,紡績性の悪さは,むしろ有利に働く。頭髪と同じく絡まないことが製品価値を向上させることになるからである。

ただ,ウイッグの原材料市場には,すでに先発製品があった。アメリカ・UCCのダイネル,イーストマンケミカルのベレル,モンサントのエルーラ等である。しかし,カネカロンはやがて先発者をすべて撤退に追い込むまでの成功を収めることになる。そのきっかけを作ったのが,ハイパイル用途への参入であった。カネカの社長・会長を歴任した古田は次のように語っている。

「ハイパイル用途の特定については,最初から狙ったものではなかった。ハイパイルとは,通常衣服等に用いられる人工毛皮(フェイクファー)の製法をいう。ハイパイルについては,ウイッグとは異なり,モダアクリル各社の参入が少なく,㈱カネカとしてもカネカロン繊維が特色を発揮できるという認識は持っていなかった。国内の販売についても,『泉大津』を中心とする,毛布,カーペット,ふとん綿等と,地理的に

南に位置するハイパイルの生産地『高野口』は、ほぼ同様の扱いであり、低採算性の市場であるという認識しかなかった」(古田・寺川・小林, 2007a, 47頁)。

しかしながら、技術サービスの担当者の中には、ふとん綿や毛布と比して、ハイパイル用途がカネカロンの特色を十分発揮できる市場であることを直感する者がいた。さらには、コモディティ化の波に押しつぶされ悲鳴を上げていたハイパイル生産業者たちに救いの手を差し伸べたいという技術者の強い思いから、ハイパイル用途の開発にカネカは着手した。古田は次のように続ける。

「重要であったのは、高野口（日本のハイパイルの80％生産）のみでなく、米国、欧州などのグローバルな市場に飛躍させたことである。販売対象となるハイパイルメーカーも国内高野口のみとせず、東南アジア各国において、ハイパイルメー・カーの開発育成を実行することにより、カネカロンの主要事業と育てたのである」(同、圏点引用者)。

このハイパイルメーカーの「開発育成」こそが、カネカロン事業を再生させるのみならず、ウイッグおよびその派生市場であるブレード市場において、原材料供給面でほぼ独占的地位をカネカにもたらすことになったのである。

ウイッグにおいては「インポーター」、ハイパイルにおいては「織元」といった業者が、エンドユーザーや小売業者のニーズを集約して生産者にデザインやスタイル、工法等を細かく指示して製作させ、それらを購入し、小売りへと販売していた。したがって、インポーターと織元が、これらの市場において、支配的な立場にあった。

そこでカネカは、市場ニーズを徹底的に汲み上げるべく、ウイッグ自体の研究所を設立し、あるいは代表的なハイパイルマシ

ン(アメリカ・ワイルドマシン社製)を購入し,ハイパイル製造の研究を行うまでして,市場におけるニーズを掘り下げ,それに対応した技術・製品開発を行っていった。要するに,インポーターや織元が求める材料とはどのようなものであるのかを徹底的に追求していったのである。

> 「研究開発では,各種天然ファーを買い集め,その構造,構成,形状,感触などについて徹底的に分析観察が行なわれた。毛皮の表面を構成する刺し毛(ガードヘア)の研究としては,『テーパードファイバーの研究開発』,光沢の研究としては,『艶消しの研究開発』が行なわれた。これについては,ウイッグの艶消し技術が基礎となり,さらに改良を重ねた結果,獣毛独特の光沢を活かせるようになった。(略)また,『ガードヘアとダウンヘアの開発』が行なわれ,より天然ファーに近いものを作り出す技術が追求された。例えば,ミンクやフォックスなどの毛皮は,太くて長いガードヘアと細くて短い綿毛のダウンヘアからなっている。ダウンヘアを実現するため,熱収縮性のファイバーが開発され,ガードヘア用ファイバーと熱収縮性のファイバーを一定比率で混綿してハイパイルを作った」(同 50-51 頁)。

このように,素材メーカーでありながらも完成品メーカーさながらの研究開発を行い,その結果,インポーターや織元とは良好なノウハウ開示関係が構築されたのみならず,ウイッグやハイパイルの生産者に対して,生産技術指導を行うことも実現し,事業者たちの開発育成が可能になったのである。このことは事業の利益面にも貢献していたと古田はいう。

> 「インポーターと提携して,カネカロン使用のウイッグの市場での宣伝計画を検討,宣伝費の一部を負担する CO-アド

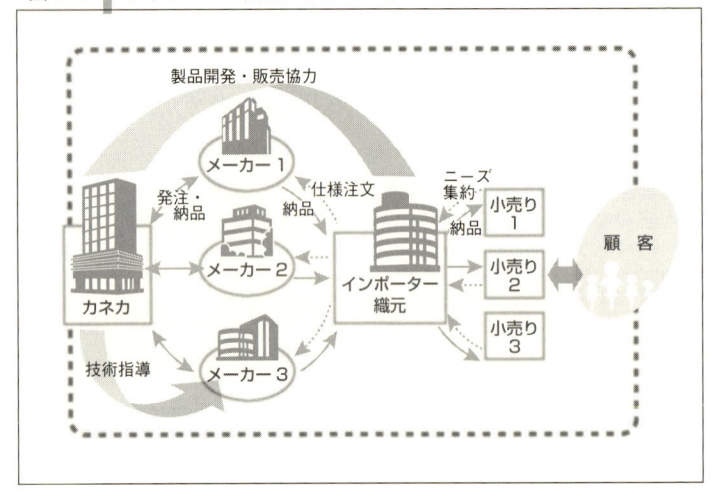

図 6-3　カネカロンの商流プラットフォーム

バタイジングシステムを構築した。カネカロンのファイバーは，直接顧客のウイッグメーカーにプッシュ販売するのではなく，欧米のインポーターとの交渉に基づき，インポーターがカネカロンファイバーの使用をウイッグメーカーに指示するというプル販売システムであった。このため，インポーターと提携することによって，カネカロンのファイバー事業はウイッグメーカーに対する交渉力を持つことができ，事業を安定化させ，価格形成力を確保したのである。市場シェアも70％以上という高い占有率となった」(同)。

　図6-3に示されているように，カネカは，ウイッグやハイパイルといったニッチ市場において，独自に研究開発を進めつつ，インポーターや織元と製品開発および販売に関する協力体制を構築し，それをもとにした製品メーカーへの技術指導等を行うことによって，当該市場における商流プラットフォームを形成し，カ

ネカロン事業を再生させた。たしかに，防火カーテン市場のように，カネカロンの特性である難燃性をもとに進出し，そこでのインポーターや織元にあたる「問屋」との製品開発・販売に関する協力体制から一時は好調でありながらも，在庫管理と納期の点で他社の優位性に追随できずに撤退を余儀なくされた市場も存在する。しかしながら，商流プラットフォームに基づく横への市場展開は，コモディティ化市場における1つの方向性を示唆するものであるように思われる。

(2) 医薬中間体事業の展開

では，上記のような商流プラットフォームはいかなる産業においても構築可能かといえば，そうではない。むしろ厳しい成立条件があるといっても過言ではない。カネカにおいては，かつて抗生物質や抗癌剤等の新薬開発を行っていた時期があった。化学工業において医薬品は粗利益率の高い魅力的な事業分野であったからである。そのことを振り返って，古田は次のようにいう。

> 「しかしながら，現実には研究開発の出発点において国際競争力を持たず，また，その研究開発を事業化・収益化に結び付ける戦略的資産のないことが，いかに巨大な壁であるかを思い知らされた。（略）欧米の巨大企業が5,000億円/年以上の費用をかけて研究開発を行う。（略）1アイテムの必要経費は年間30億円程度になる。研究開発費が300億円あれば10本のパイプライン，3,000億円あれば100本のパイプライン（という），（略）確率論が働く世界であり，多々益々弁ずということが言える。（略）自社内でテストする動物実験など充分な体制のある医薬品会社に対抗することも，フェイズⅠ，フェイズⅡといった臨床試験においても，病院や医療研究機関との密接な連携が必要であり，それらについても

2 コモディティ化からの脱出

充分な体制のないカネカは開発スピードにおいてもハンディキャップを背負っていたことになる。事業の形成においても，戦略的資産の存在が大きく影響する。医薬品事業を販売する場合，MRが最低でも1,000名程度必要となるが，(略)このような販売体制を維持するためには，数多く医薬品がプロダクトラインにない限り，採算が取れない」(古田・寺川・小林, 2007b, 95-96頁，圏点・括弧内は引用者)。

ここでいう「戦略的資産」とは，事業を形成し存続させるために必要となる企業としての資産のことであり，いわゆるヒト・モノ・カネを指す。要するに，戦略的資産面からしても，巨大企業が跋扈する巨大市場においては，カネカ程度の資産規模では参入しても勝算がないということを物語っている。それ以上に重要なことは，こうした医薬品に関する研究開発をどのように，医薬中間体事業へと展開していったかという点である。古田は続ける。

「まず，カネカの国際競争力を持つ可能性のある研究対象を検討したとき，医薬中間体の分野において，カネカは国際競争力ある研究開発の基礎を持っていた。キラル生成物を生み出す技術である。キラル物質の生成技術において，カネカは微生物で酵素を利用する『醗酵法』と不斉合成法による『合成法』と両方を有していた。これら醗酵法と合成法は2つの全く違った技術であり，(略)医薬中間体は複雑な分子構造を持っていたため，目的の物質を微生物による醗酵法で生成させる方が有利な場合が多い。しかしながら，醗酵法では目的とする物質がそのままできないことも多い。さらにそれを

---

*キラル (chiral) とは，ある分子について構成する原子数や原子結合は同じであるが，立体的な配置が対称的な関係にあるものをいう (たとえば，L-アミノ酸とD-アミノ酸)。

目的の物質にモディフィケーションするために，カネカでは合成法を用いることができた」(同 97 頁)。

　こうした開発力によって，カプトプリルを始めとする血圧降下剤，抗生剤，高脂血症治療薬，抗エイズ薬等の医薬中間体の開発に成功し，世界中の製薬企業に販売することを通じて，医薬中間体事業は，医薬品業界において存続を果たしている。ただ，医薬中間体は，開発・製造コストの観点から，製薬企業が，カネカの中間体を購入しているのが実情で，作ろうと思えば，製薬企業が内製できるものである。したがって，ウイッグやハイパイルでの事業展開のように，SCM を積極化し，プラットフォームリーダーシップを発揮できるかといえば，そうではない。

　要するに，ウイッグやハイパイルのインポーターや織元にはアクリル繊維を作る能力がなかったのに対して，製薬企業は中間体の製造能力を持ち合わせているばかりか，医薬品市場における戦略的資産面でもカネカより優位にあり，カネカがリーダーシップを発揮できる状況にはない。ニッチ市場における戦略的資産の優位・劣位によるパワーバランスが，プラットフォーム形成の可否を握っているのである。古田は次のように結論づける。

　「日本はもちろん，中国やインドなど人件費その他製造費用が安い地域でキラル製品が製造されるようになると，規定の品質を維持する医薬中間体であれば，価格次第で選択されるということになる。価格競争の状況も呈するようになり，カネカとしてはライブラリー原料の拡大，新規医薬中間体の開発など，新たな優位性を構築することが求められ始めている。(略) しかしながら，医薬中間体事業の場合，顧客は欧米の巨大医薬品メーカーが中心であり，プラットフォーム・リーダーシップを形成する手掛かりがなく，単純な医薬中間体の

販売に留まっている。このことは，医薬中間体事業での優位性は他社に先駆けた新規開発，もしくは既存医薬中間体における価値・コストによって築かれることを意味する」(同98頁)。

3 産業生態系におけるニッチ

競争パラダイムの変化

ニッチセグメントにおける商流プラットフォームの構築に成功すれば，事業としての存続確率が上昇し，そのことは，市場においてあるベネフィットが確立されることを意味する。1つのベネフィットが確立しその提供が継続すれば，メインストリーム市場において1つの定番価値として認知され，そのことは，フォロワーやサードパーティの市場参入を促し，市場規模が拡大する。ウイッグ（次頁写真）からファッション性がより高い編込み用ブレード（同上）が派生してきたように，新たな市場展開を引き起こす。そうなれば，メインストリーム市場での競争パラダイムは変化せざるをえない。

ウイッグのみならずブレードの登場は，メインストリームのヘアスタイル市場を大きく変えた。とりわけブレードは，縮れ毛でロングヘアにできない（髪を伸ばす途中で切れてしまう）アフリカ系女性にとって，地毛を活かしつつファッション性を高めることができることから急成長し，それが引き金になって白人女性に飛び火し，多色系の原糸が開発され，美容院をも巻き込み，何時間もかけて編上げが行われるというような状況にまで，メインストリーム市場を変化させていったのである。

カネカロンのウイッグ（左）とブレード
（写真提供：株式会社カネカ）

　このように，1つの確固たる商流プラットフォームが形成されることによって，プラットフォームリーダーの事業が持続可能になるだけでなく，さまざまなプレーヤーの市場参入が促進され，メインストリーム市場の競争原理が変化するという状態が生じるので，産業生態系的観点からニッチ論をさらに深めてみたい。そこで，少々議論が迂回することになるが，以下にポーターの国際競争優位論を紹介する（Porter, 1990）。ポーターの理論は，国の競争優位を探るべく構成されたものであるが，イノベーションと産業連関分析から，「産業クラスター」概念を導出しており，産業生態系とそのダイナミズムを知る上で有意義な論考である。

国の競争優位システム

　ポーターは，『国の競争優位』日本語版の序文で，次のように述べている。

　　「(国の) 新しい競争力のパラダイムは，天然資源，労働コスト，資本コストに基礎をおくのではなく，国や企業のイノベーションとグレードアップの能力に基礎をおく。イノベーションが起こるのは，自国内に恵まれた環境があるからでは

なくて、プレッシャーと挑戦のためである。私の理論は、特定の産業においてイノベーションが起こるための条件を説明する。それはまた、国の競争力における成功がなぜ孤立して起こるものではなく、顧客、供給企業および関連分野を含む、相互に連結した産業の『クラスター』全体で起こるかを示している」(Porter, 1990, 邦訳2頁、括弧内引用者)。

要するに、イノベーションを継続的に起こし、それをグレードアップしていける状態が、国の競争優位の源泉であり、そこにおいてはクラスター構造（地理的、社会的、経済的な産業集積）が出現することになる。そこで、ポーターは、「産業競争力に関する大統領諮問委員会」の委員に任命されたことも手伝って、アメリカ、スイス、スウェーデン、ドイツ、日本、イタリア、韓国等を自らのフレームワークで分析し、その競争力を評価している。その分析枠組みが、**図6-4**に示す国の競争優位の決定要因、通称「ダイヤモンド」と呼ばれる枠組みである。

(1) **要素条件** (factor conditions)

要素条件とは、経済学で用いられてきた「生産要素」のことを指し、それらは、労働力、耕地、天然資源、インフラストラクチュアなど、産業で競争するのに必要な投入物にあたる。産業が労働集約型から資本集約型あるいは知識集約型へと移行するにつれ、労働力の質、すなわち知識層のプールは重要な要素となる。

このことを踏まえてポーターは、要素における階層性を唱える。「基本的要素」と「高度要素」の区分である。基本的要素には、天然資源、気候、立地、未熟練・半熟練労働力、借入れ可能資金があり、高度要素には、近代的デジタルデータ通信設備、および大学院卒エンジニア、コンピュータサイエンティスト等の高学歴人材、最先端分野における大学研究機関などが含まれる。

図 **6**-4　国の競争優位の決定要因

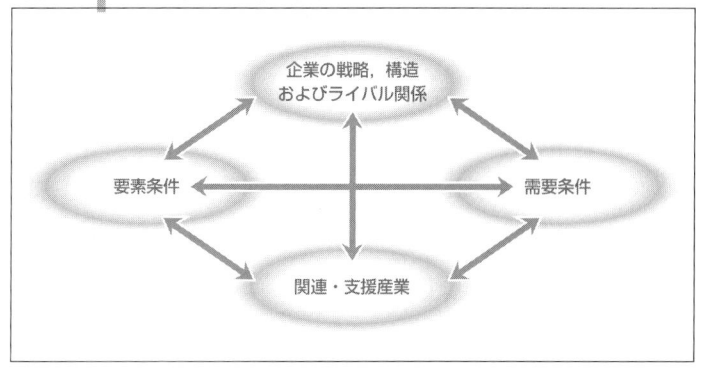

```
              企業の戦略，構造
              およびライバル関係
                    ↑
                    ↓
   要素条件 ←――――――――――→ 需要条件
                    ↑
                    ↓
              関連・支援産業
```

　この2層構造の意味するところは，単に基礎的要素に恵まれていることが，国の競争優位につながらない可能性があることを示唆している。仮に天然資源に恵まれていてもそれを有効活用する高度要素がなければ競争優位を築けないし，むしろ基礎的要素において劣位な国が科学的イノベーションによってその劣位をはねのけ，産業における国際競争力をもたらす可能性があることは，日本の自動車や家電等の産業が省エネ・小型化などでさまざまな製品を世界に送り出し成功してきたことを見れば明らかである。

(2)　**需要条件**（demand conditions）

　国際競争における国内需要条件について，重要なことは，需要の「量」よりも「質」にある，とポーターは主張する。いくら国内の需要量が多くても，それがグローバル展開では失敗する可能性があることは，アメリカ製の家電の例を見ても明らかである。大恐慌以降も常に産業発展のリーダーであったアメリカ国内において，家電需要は常に右肩上がりであった。広い国土と安い電力のゆえに，大型で機能を重視した消費電力の多い家電が作られ続けた。しかしながら，グローバル市場において求められていた

3　産業生態系におけるニッチ

ものが，狭い家屋でも使えて消費電力も少なく壊れにくい製品であったことはいうまでもない。

こうしたことが起きるのは，企業が本国市場でのニーズ把握にまず努めようとするからである。そしてそれらを海外に持ち出そうとする。であれば，重要な需要条件は，その質であり，国内の買い手の知識やスタンスから大きく影響を受けることになる。洗練され，高い要求水準を出す買い手は，企業に，製品の質，特徴，サービスについて，厳しい要求を突きつける。そうしたことが，国内における需要は多くなくても製品の競争優位につながり，ひいては産業の国際競争力の源泉になっていくのである。

(3) **関連・支援産業**（related and supportive industries）

医薬品でのスイスの成功は，かつての染料産業での国際的成功と密接に結びついている。また日本がファックスでリーダーになりえたのは，コピー機技術の強さに負うところが大きい。要するに，以前国際的に成功した産業を支えた供給業者たちの存在が，新たな産業の競争優位の基盤になる例は多い。それは，関連・供給業者たちが，成熟・衰退産業から新規の成長産業へと経営の軸足を移し替えていくからだ。

他方，川下産業における競争の激化は，川上産業の特化および垂直的深化を進めることにつながる。川上産業における価格競争を回避するために，特化による棲分け，あるいは先端技術を導入するなどして，垂直的深化を進めるのである。

(4) **企業の戦略，構造およびライバル関係**（firm strategy, structure and rivalry）

企業の戦略および構造が同質的であればあるほど，ライバル間関係は激しくなる。同一産業における日本企業間での国内競争の激しさは，ほかに類を見ないとポーターはいう。それは，日本

企業が同質的な企業戦略および構造を有しているからと理解できなくもない。同質的なライバル間競争は，国内市場をすぐに飽和させ，そのはけ口を海外に見出そうとする。「グローバル競争に意欲を燃やし，能力を身につけるのは，国内市場の飽和とか，国内のライバル間関係の激しさ，また，国際需要に引きだされるといった他の決定要因の関数である」（同 160 頁）とポーターは述べる。

東芝，日立，松下（現，パナソニック）による町の家電小売店の系列化によって占め出されたソニーが，小型トランジスタラジオやテレビの分野で海外に活路を見出したのも，こうした経緯からである。熾烈なライバル間競争は，国際化を進めるだけでなく，競争過程で学習した成果をグローバル市場において活かそうとし，そのことが国際競争優位につながることは多い。

産業クラスター

以上の 4 つの要因は，図 **6**-4 に示されているように，相互に影響を与える。ただし，常に正の影響を与えるとは限らない。ある要因が優位にあったとしても，そのことが逆に負に影響することも多々ある。前項でも述べたように，要素条件や需要条件はとくにそうした傾向が強く，国内での恵まれた条件が必ずしも国の競争優位につながるとは限らない。あるいは，激しいライバル間競争は関連・供給産業を衰退させる可能性さえ秘めている。また逆に，関連・供給産業の国際化は国内産業を競争劣位にもしかねない。

しかしながら，イノベーションとそのグレードアップ能力によって，地理的・社会的・技術的・経済的な産業集積，すなわち産業クラスターが形成されるようになると，産業生態系として

自律的に発展する要素が整うことになり,産業の競争優位の持続可能性は高まる。なぜなら,社会的・技術的・経済的な環境変化から,最終製品(一般消費財)産業における主役は変わるものの,ライバル間競争のゆえに垂直的深化と水平的拡大を遂げた関連・支援産業が新たな主役を創出し,それによってまた関連・支援産業が進化していくからだ。要するに,多層的・多面的な産業プラットフォームが形成されるので,そのエコシステムが有するネットワーク効果と再生力によって,各産業は形を変えて存続していくのである。

酪農王国デンマークは,大麦・麦芽・イーストといった一次産品やその加工品,あるいは食肉畜産業(ブタ)にとどまらず,そこから世界的なビール企業・カールスバーグを生み出した。また,ブタインスリン分野で国際的な競争力を獲得し,そこに醗酵技術および醗酵機器が加わったことによって,醗酵インスリンおよび醗酵用酵素の分野でも国際競争力を持ち,今では製薬企業まで輩出している。

すると,大麦・麦芽・イーストが新産業の醗酵インスリンや醗酵用酵素を生成する上で必要な有機物質を抽出するためにも用いられるようになり,新たな需要が創出された。また,醗酵用酵素の初期需要は食肉処理に由来しており,インスリンと酵素のメーカーが酪農産業から熟練工を容易に動員することができたために今日の発展があるといえる。こうした相互連関からの新需要創造こそが,産業クラスターの特色であり,強みなのである。

産業クラスター内における企業間の協業・協調関係について,ポーターは次のように述べている。

「競争優位は,世界的クラスの供給業者と産業の間に密接な業務関係があって生まれてくる。供給企業は,企業に対して

新しい生産方法や新しい技術を採用する機会を教えてくれる。
　　企業は，情報，新しいアイデアや洞察，供給企業の実行する
　　イノベーションを素早く知る。企業は供給企業の技術努力に
　　助言を出し，また開発作業の試験場所としての役割を果たす。
　　R&D を交換し，共同して問題解決に当たると，さらに解決
　　が早く効率的になる。供給企業はまた，企業から企業へと情
　　報やイノベーションを伝送する導管(コンジット)になる。こうなることで，
　　国の産業全体の中のイノベーションスピードが加速化される。
　　供給企業が企業の近くに位置して，コミュニケーション・ラ
　　インが短くなると，これらの恩恵はもっと大きくなる」（同
　　151 頁）。

　まさに，産業クラスターは，企業間の地理的・社会的・技術的・経済的取引関係の総体であり，それゆえにエコシステムとしての持続可能性が高くなるのである。

　筆者が，「エコロジカルニッチ戦略」というように，このエコシステムにこだわっている理由は，単なるマーケットにおけるニッチセグメントのためのマーケティング戦略論にとどまるのではなく，産業クラスターの中に組み込まれることによって，事業としての存続可能性が高まる企業戦略論として理論を展開したいからである。

　SCM に基づく商流プラットフォームの構築は，既存の産業クラスターにおいて展開しやすい。なぜなら，どういった領域・分野・技術・製品・サービスが求められているのかということが，取引関係を通じて明らかになってくるからである。第 **2** 節で紹介したカネカロンの再生も，高野口といった機織業の集積が大阪から 30 キロ程度のところにあったから，ハイパイルの生産へと活路を見出すことができたのである。ザラにしても，スペイ

ンにあるプレタポルテの下請業者の集積地域を中心に，サプライチェーンネットワークを形成している。

さらに，今日ではグローバルな電子機器部品企業に成長した京セラ，村田製作所，日本電産，ローム等も，京阪神クラスターから京都の地理的要素条件をもとに事業拡大していった企業である。ポーターが日本の強みとして紹介している工作機械メーカーも，鉄鋼，自動車，電気といった産業の下請け集積から誕生し，世界の工場稼働を支えている。

要するに，エコロジカルニッチ戦略は，こうした産業生態系の中にこそ本当のニーズやウォンツがあり，それがマーケットとして成立する可能性が高い，ということを主張しているのである。自社開発の技術とそれが適用可能な領域，すなわちマーケットのリサーチからニーズを探って自前主義で垂直的に製品開発を進めるのではなく，既存顧客のみならず関連・支援産業に対してもヒアリング調査を行い，それらのニーズやウォンツから解決可能なものを選び出す．オーバースペックのような状況に対しては製品あるいは技術の一部を切り出すことによって対応し，供給業者を巻き込むだけでなく顧客の先にいる顧客に対しても影響力を及ぼせる商流プラットフォームを構築することが，エコロジカルニッチ戦略であり，事業創成のためのイノベーション戦略の真髄だと考えられるのである。

参考文献

D'Aveni, R. A. (1994), *Hypercompetition: Managing the Dynamics of Strategic Maneuvering*, New York: The Free Press.

D'Aveni, R. A. (2010), *Beating the Commodity Trap: How to Maximize Your Competitive Position and Increase Your Pricing*

Power, Boston: Harvard Business School Press.（ダベニー，R. A. 著／東方雅美訳『脱「コモディティ化」の競争戦略』中央経済社，2011 年）

古田武・寺川眞穂・小林敏男（2007a），「コア・コンピタンスに基づく市場の特定──合成繊維カネカロン事業の再建」『大阪大学経済学』第 57 巻第 1 号，43-59 頁。

古田武・寺川眞穂・小林敏男（2007b），「コア・コンピタンス形成のための研究開発戦略」『大阪大学経済学』第 57 巻第 3 号，90-106 頁。

恩蔵直人（2007），『コモディティ化市場のマーケティング論理』有斐閣。

Porter, M. E.（1990），*The Competitive Advantage of Nations*, New York: Free Press.（ポーター，M. E. 著／土岐坤・中辻萬治・小野寺武夫・戸成富美子訳『国の競争優位』上下巻，ダイヤモンド社，1992 年）

補 論

組織間関係の経済学

Introduction

　この**補論**では，第1章の「古典的戦略論」と，第3章「オープンイノベーションへの展開」，第4章「プラットフォームリーダーシップ」に関連する，経済学上の知見を補足することによって，これらの戦略論に関する理解を深めたい。その基礎となる経済学は，取引費用の経済学である。まず，限定合理性，機会主義，情報の偏在，モラルハザードといった概念を中心に，契約の不完備性を紹介し，それがもとで垂直的統合が惹起されることを述べる。次に，この経済学へ資源基底観の枠組みを組み込み，企業間取引を考察することによって，組織間関係，とりわけ戦略的提携に関する経済学的な解釈を可能にする。そのことにより，オープンイノベーションにおける「イノベーションの仲介市場」への理解が深まるであろう。イノベーションの仲介市場とは，知的財産権のみならず，アイデア，研究成果，試作品など，権利化前の知的情報が取引される市場であり，情報財取引の難しさをいかに担保するのかのスキーム作りが求められる。

1 取引費用の経済学

議論の前提

ウィリアムソンによれば，不確実な取引環境と「少数主体間交換関係」(small-numbers exchange relationship) のもとでは，経済主体の「限定合理性」(bounded rationality) および「機会主義」(opportunism) といった特性のゆえに，取引を満足に行おうとすると，少なからず「取引費用」が発生し，これを吸収しなければならないという。取引費用を考える上で「不確実性が限定された合理性と組み合わさること，および少数性が私のいう機会主義と結びつくことが，とくに重要である」(Williamson, 1975, 邦訳17頁) ともいう。

限定された合理性とは，サイモン (Simon, 1947) による用語で，平たくいってしまえば，経済主体は，全知全能の神ではなく，すべての代替的選択肢を列挙することができない。また，代替的選択肢から導き出されるすべての利得を計算することもできない。その上，絶対不変の価値基準を有していない。それゆえ，「客観的合理性」(objective rationality) というものは実在しない。経済主体＝人間は，限られた範囲の中においてしか合理的に行動しえず，学習を通じてその範囲を拡大しようとする。それゆえ，市場取引が長期化するような場合 (たとえば，長期契約)，取引主体の限定合理性はより顕在化することになる。

次に，機会主義とは，「取引における素直さと正直さの欠如に関係しており，欺瞞的な言動をもって私利を追求することを含んでいる」(Williamson, 1975, 邦訳18頁)。競争的な，すなわち多数の主体間での取引の場合，機会主義からのリスクは無視できる程度になるが，それが少数の主体間取引となると，機会主義のリスクは無視で

きないものとなる。たとえ競争入札時においては多数の入札者からなる取引関係であったとしても、契約の実施過程において、取引相手が少数に変化することは一般的で、少数主体間における反復的な短期契約は、機会主義により高くつき、リスクを伴うことになる。

また、不確実性と機会主義とが結びつくとき、「情報の偏在」(information impactedness) と呼びうる状況が発生する。それは、交換において、当事者たちのうち「一方が他方よりもその交換に密接に関連する基礎的諸条件について、ずっとよく情報をもっており、かつ、あとのほうの当事者が情報上の対称性を獲得するには——さきのほうの当事者が完全に素直な仕方で彼に開示することは期待できないので——非常に大きな費用をかけるほかない、という状況」(同23頁) のことを指す。

情報の偏在は、取引環境における少数性を顕著にするだけでなく、相手方の限定合理性を念頭に置いた機会主義によって、相手の無知を悪用しようとする「モラルハザード」(moral hazard) を惹起し、契約における駆引き的行動を誘発する。そうなれば、取引費用は禁止的に高くなり、結果、取引が成立しない蓋然性が高まる (**図補-1**)。そこでウィリアムソンは次のように述べる。

> 「長期契約と短期契約のそれぞれが——前者は限定された合理性と不確実性のために、また後者は機会主義と少数主体間交換関係との組み合わせによって——被る諸問題を考慮するとき、これらにかわるものとして内部組織が現れうる。ここでふれられた諸問題は、内部組織においては、最初からあますところなく書きあげられる条件つき行動計画のような仕方で処理されるかわりに、そのような問題が生起するつど、処理される。この結果生じる適応的な逐次決定プロセスは、短期契約にみあう内部組織のなかの対応物であり、限定された合理性を節約するのに役立つ。そのような内部的逐次供給関係について

1 取引費用の経済学

図 補-1　取引費用の概念図

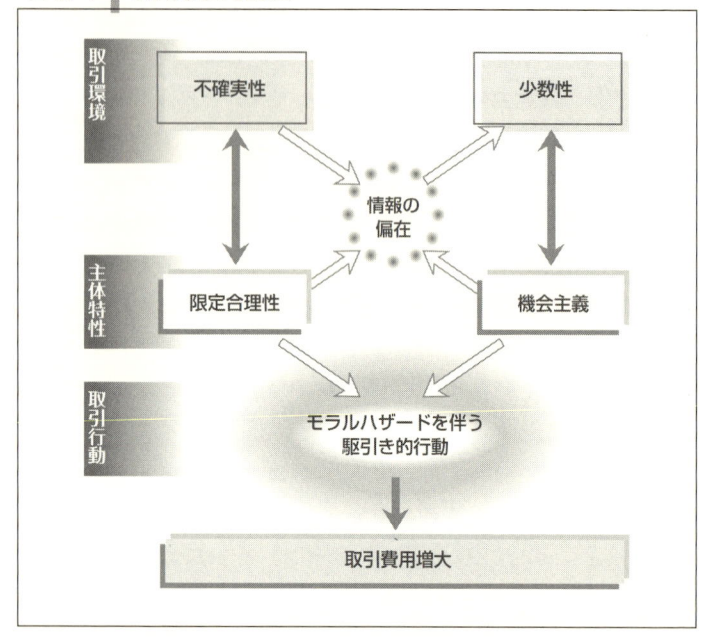

取引環境: 不確実性 / 少数性
主体特性: 限定合理性 / 機会主義
中央: 情報の偏在
取引行動: モラルハザードを伴う駆引き的行動
→ 取引費用増大

は，機会主義は，市場を介して交渉がおこなわれるときと同じように困難を提起することはない。なぜならば，(1)内部組織の中の諸部門は，利潤の流れに対して優先権的な請求権をもたない（で，そのかわり，結合利潤（ジョイント・プロフィット）を最大化すると考えたほうが事実に近い）し，また，(2)内部組織の中の誘因（インセンティブ）と統制（コントロール）の装置は，市場での交換において支配的であるものよりも，はるかに広範であり，かつ精緻化されているからである」(同 18 頁)。

要するに，ここでの論点は，①限定合理性の問題は，組織として蓄積されてきた意思決定プロセスとその知識の蓄積によって緩和することが可能であり，また②機会主義の問題は，資源分配とそれに伴う精緻化された誘因と統制のスキームによって，これまた緩和さ

れることになる，ということである．

　後者について，少し詳述しておこう．ミルグロムとロバーツ (Milgrom and Roberts, 1992) によれば，組織における従業員に対する誘因と統制のスキームについては，それだけでは限界があるという．なぜなら，上司をプリンシパル（依頼人），部下をエージェント（代理人）とするエージェンシーモデルにおいては，プリンシパルがエージェントを評価する際のモニタリング（監視）費用が高くつくため，エージェント側にある業務遂行上の情報の偏在を克服するには，プリンシパルとエージェント間で利害の一致（プロフィットシェアリング）が見られなければならないが，単純な金銭的合意ですら環境の不確実性のゆえにないがしろにされることが多いばかりか，詳細な業績評価となると，その方法と測定について，それこそ駆引き的な行動が顕在化しかねないからである．

　たとえば，プリンシパルがエージェントに対し，権利行使価格を定めてストックオプションを提供したとしても，突然の不況（たとえば，リーマンショック）によって権利行使することが不利になるような事態が起こると，行使価格の再設定を余儀なくされたりする．しかし，ひとたび行使価格が再設定されることを経験すると，エージェントは自らの努力を最大化するインセンティブを喪失しかねない．あるいはまた，エージェントの業績評価に関して業務目標の達成率が採用された場合，エージェントは，情報の偏在から目標自体を低めに設定して達成率を上げようとする，駆引き的な行動をとりかねない．

　要するに，インセンティブとコントロールだけでは不十分であるため，ミルグロムとロバーツは，サイモンの議論に立ち戻ることになる．サイモン理論の要点は，インセンティブのみならず社会的制裁によって，組織における価値判断を「教化」(indoctrination) し，メンバーの組織に対する「忠誠心」(royalty) を醸成するというも

1　取引費用の経済学

のである。組織メンバー間で醸成されるこうした意識態勢のことを，ウィリアムソンは，組織の「雰囲気」(atmosphere) と呼ぶが，これは要するに，機会主義的な駆引き行動が許されない雰囲気のことを指すのである。

サイモン理論によるところが大きいウィリアムソンの議論では，限定合理性は，組織における「事実判断」の積重ねによって，機会主義は「価値判断」の教化によって，緩和され，それゆえに，市場取引の一部が階層組織に代替されることになる。ひるがえって組織は，成長し多角化することによって事実判断と価値判断が多様化・複雑化し，そのための調整コストを支払わざるをえなくなる。調整コストが取引費用よりも高くつくようになると，階層組織は縮小し，市場取引に吸収されていくのである。

垂直的統合のロジック

自動車会社のようなアセンブル（組立て）メーカーが，部品供給を継続的に受けるとして，その部品が技術的に複雑なもので，環境条件の変化に応じて周期的にその設計および／あるいは生産量が変更されるような状況を考えてみる。このとき市場取引として考えうる契約パタンには，条件付き請求権契約，不完全長期契約，および逐次的スポット契約の3つがある。これらのいずれにおいても取引費用が高くなることが予想されるので，それを極小化するために垂直的統合が実行されるというのが，取引費用パラダイムである。以下，それぞれの契約について詳しく見ていくことにしよう。

(1) 条件付き請求権契約

継続的部品供給に関する契約を1回限りの交渉において締結しようとすると，非常に複雑な条件付き請求権契約が締結されることになる。ここで条件付き請求権とは，将来において特定のサービス（設計変更，仕様変更，供給変更等）をどのような条件で変更するこ

とができるか，あるいはできないかを規定するのみならず，その賠償あるいは補償をも規定するものである。

この契約において問題になるのは，第1に，複雑極まりないこのような契約書を作成できるのか，第2に仮に作成できたとしても，当事者間で意味ある合意を成立させることが実行可能なのか，そして第3に，そうした合意を費用の低い方法で実施することができるのであろうか，ということである。

第1の問題は，明らかに限定合理性と不確実性のゆえに生じる。すべての条件（製品需給，原材料価格，技術状況，競争関係，等々）を洗い出し，そこにおける利益と損失から賠償あるいは補償をすべて規定することは不可能である。第2の問題についても，ウィリアムソンは，「理解不能性」(incomprehensibility)の問題が関連し，当事者間で，その契約書の条文内容それ自体がきちんと理解され，実行可能になるかは疑わしいという。

第3の問題は，より複雑である。第1と第2の問題がクリアされたとしても，契約履行時において，どういう条件となったかに関する「宣言」の問題（事態の認識と，その伝達，了解に関する問題）が発生するからである。宣言の問題は，機会主義と情報の偏在によって，それを覆すには，相手方はそれ相応の監視・調査費用を負担しなければならない。こうした費用は，契約当事者が双方ともに負担せざるをえず，モラルハザードによる（相手方の無知に付け込む）駆引き的行動が横行し，取引費用を禁止的に高くすることになる。

(2) 不完全長期契約

この契約パタンは，上の条件付き請求権契約における第1と第2の問題の解決を諦め，条件設定を不完全な状態に置きながら，①契約当事者が契約の実施にあたって，両者の利益（結合利益）を最大化（損失を最小化）させようとする考慮を行動指針として取り入れた，いわゆる一般条項を契約に盛り込み，かつ②契約当事者がこの

合意に従うように誘導する適当なシェアリングルールを制定する長期契約である。以下,ウィリアムソンの簡単な定式化を紹介すると,

(i) 予期せぬ事態への対応

　　　対応しない場合の結合利益：$x_1 + x_2$

　　　対応した場合の結合利益：$G > x_1 + x_2$

(ii) 取り分に関するルール（$1 > \alpha > 0$）

　(a) 当事者1の取り分は,

　　　もし,　$\alpha G > x_1$ かつ $(1-\alpha)G > x_2$　ならば,　αG

　　　もし,　　　$\alpha G < x_1$　　　　　ならば,　x_1

　　　もし,　　$(1-\alpha)G < x_2$　　　　ならば,　$G - x_2$*

　　　　*このとき,当事者2の取り分はx_2で,$G - x_2 > x_1$

　(b) 当事者2の取り分は,

　　　もし,　$(1-\alpha)G > x_2$ かつ $\alpha G > x_1$　ならば,　$(1-\alpha)G$

　　　もし,　　$(1-\alpha)G < x_2$　　　　ならば,　x_2

　　　もし,　　　$\alpha G < x_1$　　　　　ならば,　$G - x_1$**

　　　　**このとき,当事者1の取り分はx_1で,$G - x_1 > x_2$

このようにしておくと,双方とも協同して予期せぬ事態に対応したほうが,利得が多くなる。しかしながら,この定式化には,問題がある。それは,x_1, x_2, およびGが既知であることである。これらは実際には未知であり,相当な努力と費用を費やしても推定値程度しか得られない。その上でウィリアムソンは次のようにいう。「両当事者がそれぞれもっている情報の集合が完全にオーバーラップしていない程度に応じて——このようなギャップは課業の特異性と環境条件に対する接触の仕方の相違にもとづいて必ずおこるのであるが——,各当事者は,自分の利益になるならば,推定を行う人間に対して,不完全でバイアスをもったデータを供給することが予想できる」(Williamson, 1975, 邦訳155頁)。結局のところ,機会主義と情報の偏在が支障となり,取引費用を増大させるのである。

(3) 逐次的スポット契約

　逐次的スポット契約では，その都度，契約条項を見直し，修正条項を挿入することが可能となるため，上記2つの契約のような問題は起こらないように思える。しかしながら，逐次的スポット契約は，①効率的な部品供給を行うためには，耐用年数の長い専用設備への投資が望ましいような場合，あるいは②部品業者が，たとえば独特の有利な立地，非公開あるいは独占的な技術上・管理上の技能習得等，先発者の優位に基づく費用低減効果を担えるような場合，取引費用を高めることになる。

　まず前者の部品業者の専用設備への投資であるが，これは，被供給業者（アセンブルメーカー）に取り込まれたことになり，いわゆるホールドアップ問題につながりかねない。すなわち，専用設備の投資は，部品業者が「資産特殊性」（asset specifity）を抱えることになり，他社との取引ができず，契約相手のアセンブルメーカーに取り込まれることになる。部品業者が納期および価格に関する交渉力を失うことが，ホールドアップ問題である。

　他方，②の観点は，アセンブルメーカーの交渉力を低下させかねない。なぜなら，部品調達上の依存状態を作り出すことになり，長期契約においては生じえない交渉力を部品業者が手に入れることが可能となるからだ。資産特殊性にせよ，技能習得等による費用低減にせよ，相手方への依存状態から取引費用が高くつくことになる。

複合（多層）階層組織

市場取引における契約は，いずれの場合においても，自動車のような高度化された技術と学習効果が顕著な組立型産業においては，取引費用を高め，垂直的統合への誘因を強くする。同様の論理は，最終品生産企業（アセンブルメーカー）が，流通における卸業への前方統合を行う誘因ともなる。

1　取引費用の経済学

そもそも卸業は，流通業において，販売，マーケティング，財務について，メーカーと小売りとを仲介する機能を担う。小売りから寄せられる製品注文を束ねてメーカーに発注するとともに，適正在庫を抱えて機会損失を低減させようとする販売機能，小売りから寄せられる製品に対するクレームや要望をもとに顧客ニーズを探り出し，それらをメーカーの製品開発に活用させようとするマーケティング機能，そして，小売りの決済を束ねて大口化し，集金におけるリスクを低減させる財務機能のゆえに，卸業は存在する。

　したがって，①メーカー製品の販売が地域的集中性を増す，②小売りの発注ロットが大きくなる，③卸業の売上げに対する自社製品比率が高まる，④販売促進・製品開発等のマーケティング機能（製品の脆弱性や陳腐化が激しい場合を含む）が重視される，⑤卸業の規模拡大と数量増が求められる，および⑥意思決定のルーティン化の可能性が高まる，といった場合には，卸業への前方統合が行われる（Holton, 1968）。これらは，環境が不確実なもとでの市場取引における上記3つの契約パタン上の問題をすべて内包することになるので，取引費用パラダイムからすれば，垂直的統合のインセンティブとなるのである。

　卸業への前方統合と部品業者に対する後方統合を通じて，統合組織は複合階層組織を形成するようになる（たとえば，統合最盛期のフォードなどは，ゴムプランテーション農場までも所有していた）。組織階層が多層化することについて，ウィリアムソンは，上述のようなエージェンシー関係（単階層組織）におけるインセンティブシステムの限界を克服するために，サイモンが唱えていた「教化」の概念とは違った形で，組織の多層制による機会主義の抑制を主張する。

　第2章でも少し紹介したガルブレイスの議論をもとにウィリアムソンの見解を紹介すると，まずガルブレイスは，組織を不確実性の除去装置として捉える。その装置が構築され拡大する過程において，

権威システム (Barnard, 1938) が発展し，組織のメンバー間ではあたかもそれが実在するかのように意識されるようになる。この権威システムの実存性のゆえに，メンバーたちは全体利益への服従を認容するようになるという (Galbraith, 1977)。

さらに詳しく述べれば，不確実性を除去するプロセスは，「機械的プロセス」と「戦略的プロセス」の2つからなり，前者は，手続きとルールのプログラム化，階層を通じての調整，目標設定によって構成され，後者は，組織における余裕資源を作り出すスラック創出，サブユニットとして独立可能な自己充足的組織編成，縦割り組織の横の連携，垂直的情報化投資からなる。

後者は，組織が置かれた内外の環境条件によって適宜選択され実行されるが，前者は，組織行動における脱人格化を推進（属人性を排除）するために，常に機械的に稼働し，階層制に伴う権威システムを発展させることになる。この仮構化されたシステムによって，組織メンバーの行動は規制され，機会主義を抑制することが可能になる，というのである。

2 戦略的提携の経済学

取引費用パラダイムからすれば，組織は無限に拡大するかのように思われるが，そのようなことはない。むしろ，ICT が進展して情報格差・技術格差が縮小し，コモディティ化しやすい今日的な市場環境においては，組織は，産業流列における階層（レイヤー）間での分業を推し進めるとともに，同一レイヤーにおける水平的統合を進めようとする。その主因は，価格競争に伴うコスト削減要求が厳しくなってきたことである。

もちろん垂直的統合がまったく行われていないかといえば，そう

ではない。第6章で紹介した商流プラットフォームの構築は、自動車産業における系列と同じように、資本参加を伴わない疑似的な垂直的統合の一種である。流通業における PB（プライベートブランド）商品も同様である。あるいは、同業・異業種間での戦略的提携も盛んに行われるようになってきている。

では、どういう方針のもとに、これらの組織間関係を管理するための戦略スキームは選択されているのであろうか。そのことについて、以前に筆者が提示した理論（塩次・高橋・小林, 2009）に基づき、以下で説明することにしよう。その基礎となるのが、取引費用の経済学であり、コアコンピタンス・組織能力等の概念を包摂する資源基底枠組み（resource based view）なのである。

基本スキーム

図補-2(A)は、企業にとっての戦略的資源をどのように調達すべきかを示している。戦略的に価値が低い資源の場合、それを調達するのに、さほど取引費用を要しないのであれば、市場取引に委ねていればよい。ところが、資源価値は低くても取引費用がかかるような場合は、そうした費用が不要となるように、内製するか、あるいは代替資源の探索を試み、状況によっては、買収というオプションもありうる。

戦略上の資源価値は高いものの、その調達に取引費用があまりかからない状況とは、系列取引あるいはクロスライセンシング等であろう。問題になるのは、戦略的な資源価値が高く、かつその取引では高い取引費用が予想されるようなケースである。その部分に関する詳細が図補-2(B)である。

(B)では、そうした戦略的資源を入手する際の新たな基準として、獲得の「切迫性」とそのための「投資コスト」を導入している。切迫性とは、文字通り、現時点でのビジネスをより拡大成長させるた

図 補-2　戦略的提携のロジック

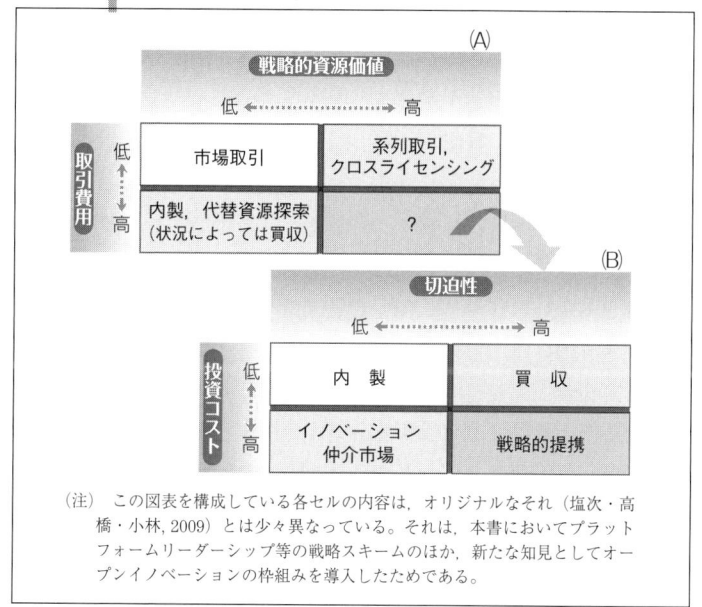

(A)

戦略的資源価値

	低 ⟵⋯⋯⋯⟶ 高
取引費用 低	市場取引 / 系列取引，クロスライセンシング
取引費用 高	内製，代替資源探索（状況によっては買収） / ?

(B)

切迫性

	低 ⟵⋯⋯⋯⟶ 高
投資コスト 低	内製 / 買収
投資コスト 高	イノベーション仲介市場 / 戦略的提携

(注) この図表を構成している各セルの内容は，オリジナルなそれ（塩次・高橋・小林，2009）とは少々異なっている。それは，本書においてプラットフォームリーダーシップ等の戦略スキームのほか，新たな知見としてオープンイノベーションの枠組みを導入したためである。

めに必要度の高い資源である程度を表す。また，投資コストとは，文字通り，そうした資源を獲得するために必要となる資本コストを表している。

(B)の詳しい説明に入る前に，(A)(B)における，太い境界線と破線の矢印が持つ意味について説明しておこう。これが意味するのは，資源価値，取引費用，切迫性，投資コスト，これらのいずれもが経営判断上のスタンスに委ねられ，その位置は上下・左右に移動可能だということである。たとえば，戦略的資源価値を認めるものが少なく取引費用もそれほど高くないという経営判断のもとでは市場取引領域が増え(B)の領域は減少することになる。そうした場合は切迫性・投資コストも低いと考えられ，内製領域が拡大することになる。外部資源の評価と取引費用の評価は，それらに呼応する切迫性

と投資コストの見積りに大きく影響を及ぼすのである。

さて、(B)における内製および買収については、それほど説明を要しないであろう。時間的に余裕があり、かつ投資コストもかからないとすれば、じっくり社内で作り込めばよく、反対に時間に余裕がないのであれば、買収(統合)するほうが望ましい。問題なのは、投資コストがかさむ場合への対応である。

投資コストが「高い」場合、費用の予測不可能性と支払能力の問題が含まれている。要するに、いくらかかることになるのかが不明な場合、あるいはまた支払能力を超えての出費が予想される場合、投資コストは高いと判断される。

次に、切迫性は資源重要度と密接に関係しており、重要性が高まるほど、その獲得における優先順位は高まる。したがって、戦略的提携には、取引費用がかからないように、それ相応のビジネスモデルをもって対応しなければならないことになる。詳細は次々項で説明しよう。

切迫性がそれほど高くない場合、第3章で述べたオープンイノベーションの観点から、イノベーション仲介市場を活用するのが今日的なオプションである。その組織的な対応は、CVC(コーポレートベンチャーキャピタル)、あるいは大阪ガスのようなオープンイノベーション室等いろいろと考えられるが、要は、外部のアイデアやイノベーションを内部に取り込むことであり、それらを仲介する企業やさまざまな取組みが、近年発達し始めているのである。

イノベーションの仲介市場

この分野における仲介業者として、第4章「**プラットフォームリーダーシップ**」でイノセンティブの事例を紹介したが、この市場がランプアップするには、仲介業者としてケアしておかなければならないことがある。それはアロー(Arrow, 1971)がいうところの「情報

のパラドクス」と呼ばれる問題に起因するもので，技術やノウハウ等の情報財の取引は，買い手に販売するために売り手がその内容をすべて語ってしまえば，買い手は無料でその情報財を入手することになるが，そうはいっても，財の中身も伝えずに取引が成立するとは思えないので，そこに難しさがある，ということである。

このことは，技術あるいはアイデアを入手しようとしている側についてもあてはまる。すなわち，解決したい問題の全容を公開してしまえば，当該企業が何を目指しているのかが，すべて競合企業に知られてしまうことになる。そこで，仲介業者としては，解決策を求めているシーカー（探索者）の「問題設定」をまず行わなければならない。研究開発として目指している方向性はマスクされたまま，開発上ボトルネックになっている問題を切り出して抽象化し，サイエンスとしての課題に転換していく作業が求められるのである。

次に解決しなければならないのが，「情報汚染」(information contamination) の問題である。たとえば，ある企業がサプライヤー候補の企業と採用予定の技術について，何回かにわたって打合せを行い，結局，候補企業が所有する技術を採用せず，内製することを決めた場合，この企業は情報に汚染され，知的財産権上の侵害リスクを自ら高めたことになる。したがって，仲介企業は，シーカーとソルバー（解決策提供者）とを完全に分離するだけでなく，シーカーが偶然にもソルバーへアクセスしないように，シーカーのプロジェクトを管理するだけでなく，アクセスしてしまった場合は，仲介業者が両者の間に入り，一切の直接的なやりとりを排除することが求められる。

シーカー，ソルバー両者の身元情報の管理と保護は当然のことながら徹底される。しかしながら，このことから，身元不明（仲介業者にとっては明らかになっているが）の相手とは取引したがらない場合にどうするのかといった問題が派生する。また次に，ソルバーお

表 補-1　イノベーション仲介業者

	身元保証	情報汚染	ソース
イノセンティブ	シーカーとソルバーの完全分離	シーカーは「有効」なソリューション以外アクセス不可	世界各国の大学・研究所等にいる8万以上のソルバー
ナインシグマ	メーリングリストによるバッファー	有望なソリューションの比較検討は行えるが、ソルバーへの直接的なアクセスは不可	膨大かつ多様なメーリングリスト
IXC	TIによるバッファー	TIがすべての情報を保有しているので、ソルバーへの直接的アクセスは不可	メンバー企業およびそのネットワーク
BIG	発明家の代理人として機能	発明家が直接企業にアクセスすることは不可	個人発明家、「アイデアハント」
SSIPEX	特許技術情報に特化	公開特許情報以外のアクセスは不可。ライセンス交渉の代理人	主に、欧米企業所有半導体関連知的財産権および中国小企業の知的財産権
オーシャン・トモ	特許、商標等の知的財産権に特化	金融商品として販売	潜在的未利用知的財産権

（出所）　Chesbrough (2006) 邦訳201頁をもとに、加筆修正。

よび仲介業者の貢献度をどう評価するのか、すなわち取引価格の問題も出てくる。そして最後には、仲介業者としての社会的な信用を獲得し、より多くのシーカーとソルバーが集まるようにするにはどのようにすればよいのか、という問題が残されている。

　情報汚染、身元保証、および、いま述べた2つの問題への対応は、仲介業者によってさまざまである。イノセンティブは、シーカーが大企業、ソルバーが大学・研究所の研究者や小規模組織であるこ

対　価	社会的信用	拡張性
懸賞金，ロイヤリティ収入。シーカーとの相対交渉が基本	サイエンスソリューション	シーカーの数によって制限される
製品，中間体等の販売代価の一部	クライアント数に依存，P&G関係	問題の定義と応答に多くの人的作業を要する
メンバーシップフィー，および仲介手数料	オーストラリア産業連盟	メンバー企業間では堅牢，しかし外部については不十分
ロイヤリティ収入。シーカーとの相対交渉が基本	クライアント数に依存	ソリューションに仕立て上げるまでに要する人的資源に問題
仲介手数料	上海市および中国国家	市場投入期間の短縮に知的財産権が有効であることを中国企業に啓発する必要性
金融商品販売手数料，ファンド運営，仲介手数料	大口ファンド運営，知的財産権ベースの金融商品	評価が困難な知的財産権，価格情報の不足，啓発活動の必要性

とが多いため，ソルバー側の身元保証はイノセンティブが行う。また，ソリューションの対価については，シーカーと前もって協議し，「報奨金」という形で提示されることもあれば，知的財産権のライセンス収入という形でソルバー側の立場から価格交渉を行うこともある。また社会的信用を得るにあたって，応用化学分野のみならず，ハイエンジニアリング等さまざまな分野にも進出し，サイエンスソリューションを印象づけようとしている。

また，2000年にオハイオ州クリーブランドに設立され，現在ではアメリカ本部のみならず，ヨーロッパ，日本，韓国，オーストリアにも現地法人を置くナインシグマでは，P&Gの「コネクト・アンド・ディベロップ」戦略における仲介業者として活躍してきた沿革のためか，シーカーは大企業，ソルバーは中小企業という関係が多い。このため，ソリューションは，技術そのものよりも製品や部品（中間体）であることが多く，最終的なソリューション提供時には，それぞれの身元が明かされる。そして，そこでの価格交渉は，ナインシグマを通じて行われる。ナインシグマの社会的信用は，ソリューション数に依存している。

　少し違った取組みから出発しながら，イノセンティブあるいはナインシグマのようなビジネスモデルに変化しつつあるのが，オーストラリアに本拠地を置くイノベーション・エクスチェンジ(InnovationXchange, IXC) である。IXCは，オーストラリアで最も歴史がある企業団体，オーストラリア産業連盟によって運営されていることからも明らかなように，メンバーシップ制を敷いている。もともとは，メンバー間のオープンイノベーションを促進させるために設けられた仕組みで，IXCがメンバー企業各社に，TI (trusted intermediary, 信頼できる仲介者) を配し，各社における探索情報・技術情報等を収拾させ，それらをIXCで集約することによって，メンバー間のコラボレーションを促進させようとしていた。ところが，IXCの各TI部隊は，配属先メンバー企業の要望から，やがては非メンバー企業のソリューションをも求めるようになり，イノセンティブやナインシグマと同様の業務をこなすようになってきている。

　以上の3社以外にも，個人発明家と玩具，ガーデニング業界を結びつけるビッグ・アイデア・グループ（BIG），半導体の知的財産権取引を活性化させようとする上海シリコン知的財産取引センター

(SSIPEX)、および知的財産権の投資・売買仲介・金融商品販売を手がけるオーシャン・トモなどがあるが (Chesbrough, 2006)、それらの詳細は割愛する。イノベーション仲介業者が身元保証・情報汚染・対価・社会的信用等の問題に対してどのように対応しているかを、まとめると、**表補-1**のようになる。

戦略的提携

最後に、図補-2(B)における戦略的提携について述べて、本書を締めくくることにしよう。この枠組みは、本論の第**4**章および第**6**章において述べたように、プラットフォームに基づくことを強く意識しなければならない。

戦略的なプラットフォームには2種類あり、1つは、インテルやIBMが採用している、規格や知的財産権に基づき、いわゆる「標準化」を目指す標準化プラットフォームとも呼びうるものである。他方、シマノ、ホギメディカル、カネカ等が推し進める商流プラットフォーム作りは、サードパーティ、サプライヤー、アセンブルメーカー等に技術指導・市場情報を提供し、その見返りとして強固なサプライチェーンを構築する、疑似垂直的統合戦略である。

標準化プラットフォームの場合、それを推進していく上での投資とリスクに対する意識は必要不可欠で、そのためにインテルは、半導体設計・製造企業でありながらも、ソフトウェアエンジニアを多数雇用し、インテルアーキテクチャラボを設立の上、サードパーティへの積極的な技術支援を展開してきた。またIBMにしても、オープンソースソフトウェア運動 (OSS) を積極化させることは、それまでのIBMの閉鎖的な知的財産権戦略とは真っ向から対立するものであったにもかかわらず、それを推し進め、ソリューションプロバイダーとしての地歩を固めている。

他方、商流プラットフォームの場合、投資およびリスクに関して

2 戦略的提携の経済学

は，標準化に比してそれほど要するものではないが，いかなる業種においても採用可能ではないことは，第 **6** 章のカネカの事例を見れば自明のことである。産業流列上の独自性（技術上，市場アクセス上）があって，はじめて可能になる仕組みであることには，留意しなければならない。

ただ，こうしたプラットフォームという戦略意図を持つことによって，戦略的提携が，単なる場当たり的な相対取引，ジョイントベンチャー設立，コンソーシアム形成といったものでなくなることは確かである。

参考文献

Arrow, K. J. (1971), *Essays in the Theory of Risk-bearing*, Amsterdam: North-Holland.

Barnard, C. I. (1938), *The Functions of the Executive*, Boston: Harvard University Press. （バーナード，C. I. 著／山本安次郎・田杉競・飯野春樹訳『新訳 経営者の役割』ダイヤモンド社，1968 年）

Chesbrough, H. W. (2006), *Open Business Models: How to Thrive in the New Innovation Landscape*, Boston: Harvard Business School Press. （チェスブロウ，H. 著／栗原潔訳／諏訪暁彦解説『オープンビジネスモデル――知財競争時代のイノベーション』翔泳社，2007 年）

Galbraith, J. R. (1977), *Organization Design*, Reading: Addison-Wesley.

Holton, R. H. (1968), "The role of competition and monopoly in distribution: The experience in the United States," in Preston, L. E., ed., *Social Issues in Marketing: Readings for Analysis*, Glenview: Scott, Foresman, pp. 137-167.

Milgrom, P., and Roberts, J. (1992), *Economics, Organization and Management*, Englewood Cliffs: Prentice-Hall. （ミルグロム，P. = ロバーツ，J. 著／奥野正寛・伊藤秀史・今井晴雄・西村理・八木甫訳『組織の経済学』NTT 出版，1997 年）

塩次喜代明・高橋伸夫・小林敏男（2009），『経営管理 新版』有斐閣。

Simon, H. A. (1947), *Administrative Behavior: A Study of Decision-making Processes in Administrative Organization*, New York: Macmillan.（サイモン，H. A. 著／松田武彦・高柳暁・二村敏子訳『経営行動――経営組織における意思決定プロセスの研究』〔原書第3版の翻訳〕ダイヤモンド社，1989年；サイモン，H. A. 著／二村敏子・桑田耕太郎・高尾義明・西脇暢子・高柳美香／訳『経営行動――経営組織における意思決定過程の研究』〔原書第4版の翻訳〕ダイヤモンド社，2009年）

Williamson, O. E. (1975), *Markets and Hierarchies: Analysis and Antitrust Implications*, New York: Free Press.（ウィリアムソン，O. E. 著／浅沼萬里・岩崎晃訳『市場と企業組織』日本評論社，1980年）

あとがき afterword

　筆者には1つ心残りがある。それは，2012（平成24）年春に清算された阪大発ベンチャー・株式会社セキュアウェアのことである。2003年の秋口，大阪大学サイバーメディアセンターの客員助教授をしていた齋藤和典が開発したインターネットセキュリティプログラムを携えて，当時サイバーメディアセンターの講師だった野川裕記が，「この技術をもとに会社を設立したい。是非協力していただきたい」といってきた。インターネットセキュリティなどまったくの門外漢であった筆者は，技術内容のみならず，市場動向について，多くの関係者から事情聴取を行った。当初の結論は「先鋭的すぎて，市場がない」というものであり，野川・齋藤には「大阪TLO（大阪産業振興機構）を通じてのライセンスにすれば」という返事をした。

　しかし，とりわけ野川が「アメリカのネットスクリーン（そのセキュリティ専用製品がシリコンバレーで注目されていたベンチャー企業）が高く評価してくれている。ライセンス契約するにしても会社組織でないと契約できない，といってきている」というので，いろいろと相談した結果，「では，もしネットスクリーンと契約できなかったら，いつでも解散できるように，われわれとその仲間だけで資本金500万円の会社を設立しよう」ということになった。セキュアウェアが設立されたのは，2004年7月であった。

　セキュアウェアの技術は，当時のインターネットにおける2大脅威，DOS（denial of services）とBOF（buffer over flow）のう

ち，後者をターゲットにしたものであった。ちなみに，DOSとは，あるサーバに集中的にパケットを送信することによって，そのサーバのサービスを停止に追い込む脅威で，他方BOFとは，PCやサーバにシェルコードと呼ばれる命令コードを送信し，そこにインストールされているソフトウェア上の脆弱性を突いて制御を完全に奪い取る脅威である。

当時，BOFへの対策方法としては，シェルコードのシグニチャ（特定のバイトパタン）マッチングが主流であった。しかしそれでは，「未知」の脅威に対しては無防備となる。なぜなら，シグニチャマッチングは，既知コードのライブラリーをもとに実行されるセキュリティ対策だからだ。事実，本書を執筆中の今日現在（2013年10月10日）においても，マイクロソフトがインターネットエクスプローラー，エクセル，ワードにおける脆弱性を認識し「緊急」および「重要」対策を行ったと各方面で報道されているが，こうしたこともやはり，未知なるコードに対しては，対策が事後とならざるをえないことの証なのである。

齋藤のアプローチは異なっていた。彼は，攻撃コードの解釈を機械語レベルにまで掘り下げ，そのレベルではシェルコードが数少ないパタンに集約できることを発見する。このパタンさえ押さえていれば，BOFを検知でき，それを防御することが可能となるのである。コードレッドのみならず，一般には知らされていなかったどのコードも検知してみせたところに，齋藤のプログラムの素晴らしさはあった。それができたのは，ハッカーたちがこの特定の機械語パタンをもとにさまざまなシェルコードを作り続けていたからであり，それは今も続いている。

さて，会社を立ち上げ，いざネットスクリーンと契約しようとしたところ，同社がハイエンドルータの大手企業・ジュニパー

ネットワークスに買収されるという話が舞い込んできた。そのためライセンス契約は半年ほど先延ばしされたが，ジュニパーネットワークスとは無事契約を締結することができた。このジュニパーとの契約を足がかりに，さまざまなセキュリティベンダーと交渉を始めたのだが，ジュニパーほど高い値段をつけてくれるベンダーはいなかったばかりか，交渉してくれるところも少なく，結局，セキュアウェアはビジネスとしてのライセンスを打ち切ることになった。

では，どうやって収入を確保していたかといえば，それは主に，文部科学省，および独立行政法人 新エネルギー・産業技術総合開発機構（NEDO），独立行政法人 情報通信研究機構からの直接・間接両面での研究助成であった。もちろん，大学や研究所，それに国の一部機関にはハイエンドなセキュリティニーズがあるため，齋藤開発のソフトウェア（商品名・エイシュラ）を組み込んだ専用ハードウェアを納品することもあったが，2,3カ月に1台販売できればよいほうであった。

そこで，研究助成を得るための製品開発プランを書き上げ，それをもとに第三者割当増資を実施した。セキュアウェアのリードインベスターは，「阪大イノベーションファンド」を運営する日本ベンチャーキャピタル株式会社（NVCC）であった。増資の大半は同社が引き受けてくれたが，一時は事業会社のネットワンシステムズ株式会社も引き受けてくれていた。

セキュアウェアが手がけた製品開発を簡単に紹介すると，NEDOが助成してくれた「隔壁構造を構築するための透過的小型セキュリティデバイスの開発」や「次世代ネットワークにおけるセキュリティプラットフォームチップの開発」等をあげることができる。いずれもプログラムとして短く検知ミスがないという

エイシュラの長所を反映させた製品で，前者は，スイッチと連携させることによって，高価で大がかりなセキュリティ製品を導入する必要がなくなるということを狙った小型デバイスであった。後者は，やがて到来するブロードバンドIPv6時代に主流となるP2P（peer to peer）通信のために，エアコンや冷蔵庫などの家電に組み込むセキュリティチップであった。

これらの小型デバイスやチップを取り上げてくれるところはなかった。セキュリティベンダーのみならず，システムインテグレーター，ネットワークインテグレーター，さらには家電メーカーへも持ち込んだものの，結局相手にされなかった。その理由は，いま思えば，PCの性能向上とOSベンダーの脆弱性縮小に向けた努力によってシマンテックやマカフィーのソフトウェアでも十分に対応が可能になっていたことと，P2P向け家電チップは時期尚早ということであったように思える。

そうこうしている間に，設立後数年が過ぎ，会社は岐路を迎えることになった。ネットワンシステムズが，セキュアウェアの成長が見込めないということから，われわれに株式の買取りを要求してきたのだ。価格面ではまったく問題はなかったが，それよりも痛手であったのは，出資先で唯一の事業会社との関係が終了してしまうことであった。

われわれは，何カ月にもわたって議論した。これまで通り研究助成を申請し，細々とハイエンド機器を販売し続けるのか，あるいは，独自に新たな民生品を開発し，それをもとに市場開発を試みるのか，いずれを選択するかである。

結論は，後者であった。このままだらだらやっていては，結局は大学の研究室に毛の生えた程度の会社に過ぎないということから，セキュアウェアは2009年に初の民生品「ダイレクトボック

ス」の開発を手がけ，翌10年初春に市場投入した。ダイレクトボックスは，主に大学の研究者をターゲットとし，遠隔地にいながら，安心・安全・安価に所属組織のLANへ接続でき，LAN下にあるサーバ機能を享受できるという製品であった。遠隔地から文献検索やファイル共有が行えるということから，一部の大学や研究所には評価され，実際に採用もされた。

　しかしながらその後が続かない。第7期（2011年3月）には，2期連続となる赤字を出し，キャッシュ上すぐさま倒産という問題にはならなかったが，赤字が積み上がっていくであろうということは誰でも予想できた。2011年6月には，NVCCと協議の上，出資先のベンチャーキャピタルから自己株式の買戻しを行った。NVCCには相当な損失をお願いすることになったが，これ以上保持してもらっても会社として成長が望めないことと，齋藤あるいは野川の個人商店としてならば存続の可能性もあったので，自己株式の買戻しという処理で納得いただいたのである。

　ただ，その後の半年間もほとんど売上げが立たず，役員のみならず従業員のモチベーションも相当に下がってしまったことから，2011年の暮れも押し迫ったころ，齋藤，野川と3人で，会社の清算を決めた。翌2012年3月には，会社清算の第8期定時株主総会を経て，セキュアウェアは約8年間という短い事業を終えた。巷では，設立後3年もてば10年は存続する，といわれている。しかしセキュアウェアはこの限りではなかった。

　セキュアウェアの経営戦略に，大きな影響力を及ぼしていたのが筆者であったことは間違いない。リードインベスターとの関係においても，経営の理論と実践においても，セキュアウェアの意思決定に深く関与した。テクニカルには，戦略会議において，みなでキャズム論のみならず，プラットフォームリーダーシップ，

ニッチ論を研究することを主導した。

　会社清算後，戦略上のミスについて考える日々が続いた。ライセンス契約の打切り，研究助成依存，阪大イノベーションファンドがバックアップしたことによる資金調達の容易さ，リーダーシップ欠如，コミュニケーション不足等々，いろいろとあてはまることは思いつく。とりわけコミュニケーション不足は深刻で，開発は大阪千里中央で，営業は東京御茶ノ水，ということから，よく対立することがあった。

　不運もあった。ダイレクトボックスを士業（とりわけ弁護士業界）に展開する商談が東京で行われ始めていた矢先に，東日本大震災が発生し，商談を流さざるをえなくなった。しかし，そうしたことは，いま思えば些細なことであったように思う。

　われわれセキュアウェアに最も欠如していたのは，どのようにすれば産業生態系に組み込んでもらえるか，という意識ではなかったかと，最近思い始めている。躍進著しいインターネット業界において，ほとんどのスタートアップ企業が採用しているのは，なにがしかの無料サービスを顧客に提供し，顧客を組織化することを通じて，サイトの社会的価値を高めた上で，さまざまな企業と協力関係を構築していく，というモデルである。

　グーグル，ヤフー，といったポータルはいうに及ばず，アドビのアクロバットリーダーも，リアルプレーヤーのビデオビューワーも同様である。またアマゾンにしても，書籍販売ということからすればほとんど利益は上がらないにもかかわらず，独自の検索・推薦機能とワンクリック決済の利便性を顧客に実感してもらうことによって顧客の輪を広げ，今ではインターネット最大のショッピングモールとなっているのである。

　これらの企業は，インターネットといった顧客にダイレクトに

通信できる仕組みを活用して,産業生態系の中に入り込んでいった。そこにあるのは,顧客を含めた産業生態系への「奉仕」という意識ではないだろうか。この奉仕の意識なくして産業生態系は受け入れてくれないし,産業生態系の中に組み込まれなければ,企業の存続は脆弱なものにならざるをえない。

　大学発ベンチャーでありながらも,アメリカのネットスクリーンおよびジュニパーネットワークスに高く評価され,自分たちの技術力を過信し,結果,対価を頂戴するのは当然だという姿勢で研究助成を受け続けた傲慢な姿勢が,事業の失敗につながったのではないか,と思い始めているのである。

　本書のサブタイトル,イノベーション戦略の「彼岸」には,そうした思いが込められている。仏教用語から引いてきたものであるが,此岸(現世)における煩悩を解放する仏のいる向こう岸,それが彼岸である。出家して修行を積むことが彼岸へ渡る方法だと考える小乗仏教の教えはさておき,大乗仏教的には,奉仕の精神をもって,社会的規律に従い,耐え忍び努力し,座して深く瞑想することによって知恵が深まるのであれば,それが彼岸というものなのである。読者諸氏には,テクニカルに走るのではなく,まずこの奉仕の精神を忘れないでもらいたい。それが,イノベーション戦略の彼岸にほかならないからである。

索 引

事項索引

アルファベット

CD〔企業開発〕 74
CVC〔コーポレートベンチャーキャピタル〕 57, 59, 60, 63, 74, 81, 85, 91, 125, 206
　——組織 87
　——組織のマネジメント 86
　——投資 80
　——の活動方針 86
　——の活用方法 78
　——の使命 87
　——のマネジメント 80
　本体と——の関係 86
GE グリッド 12
OC-192〔問題〕 73, 82
OEM 販売 151
PB〔プライベートブランド〕 204
PLC →プロダクトライフサイクル
PLS →プラットフォームリーダーシップ戦略
RAP モデル 15
ROA 36
ROE 36
ROI 36
SCM →サプライチェーンマネジメント
SIer 152
SWOT 分析 18
VAR 151
VC →ベンチャーキャピタル

あ 行

アーキテクチャ 28, 92, 108
アプリケーション 84, 135
意思決定プロセス 15, 17, 196
意思決定レベル 15
イノベーション（仲介）市場 113, 125, 193, 206
イノベーションのジレンマ 25, 57, 58, 60, 79, 86, 87, 91, 110, 112, 125
イノベータ 126, 127, 129, 132
インターネット流通 152
インターフェース 108
　——の標準化 123
ウォンツ 61, 173, 190
エクイティ投資 85
エコシステム 91, 108, 189
エコノミックバイヤー 139, 143
　——の予算枠 154
エコロジカルニッチ戦略 172, 189, 190
エージェンシーモデル 197
エレベータステートメント 147
エンドユーザー 139, 143
　——の認知 107
オーバースペック状態 37
オープンイノベーション（戦略） 57, 58, 60, 62, 64, 76, 87, 117, 119, 125, 193, 206
オープン規格 122
オープンソースソフトウェア 99

親会社のコントロール力　2
卸業　202

■ か 行

開発育成　176
外部環境　18
外部リソースの活用　119
価格設定　153
価格ベネフィットライン　158
拡張性　132, 136
拡張プロダクト　132, 139, 140
駆引き的行動　195, 197
下限価格　153
仮想的な競合状況　143
価値基準　35, 39, 49, 52
価値命題　→バリュープロポジション
過熱の罠　159, 165
金の成る木　11
関係会社　3
間接投資　80
完全子会社　3
関連会社　3
関連・支援産業　186
機会主義　194, 198
　——の抑制　202
機械的プロセス　36, 203
規格の標準化　106
企業　131
　——の戦略・構造　186
　——の範囲　108
　バリューネットワークと——との関係　34
企業戦略　189
疑似垂直的統合　3
技術　7, 55, 125, 130
　——資産のスピンアウト　78
　——の買収　78
技術変化　26
技術利用　96
既存優良企業　→優良企業

期待プロダクト　132, 140
基本的要素　184
逆転　171
キャズム　126, 130
　——越え（の方法）　131, 157
　——製品　151
客観的合理性　194
ギャップ　171
脅威　18
競争
　——の回避　166
　——の緩和　166
　——のリード　166
競争戦略　62
競争優位の持続可能性　4, 188
強調　171
近代経営の難しさ　36
口コミ効果　133
国の競争優位　183
　——の決定要因　184
クラスター構造　184
クローズドイノベーション　57
クロスライセンス　96, 107
グローバル競争　187
経営戦略　1
　全社的な——　15
契約の不完備性　193
系列　3, 204
結合　171
権威システムの実存性　203
研究開発　78
限定合理性　194, 198
コアコンピタンス　14, 62
コアプロダクト　15, 131
後期多数派　126, 128
高度要素　184
後方統合　2
子会社　3
互換機ビジネス　94, 102
顧客の痛み　133

顧客類型　126
コスト構造　38, 39, 62
コストパフォーマンス　154
コストリーダーシップ　10, 62
コーポレートベンチャーキャピタル
　　→ CVC
コモディティ　137
コモディティ化　94, 123, 158, 159, 169
　　——への移行段階　163

さ 行

サプライチェーンマネジメント〔SCM〕　173
　　——に基づく商流プラットフォームの構築　189
差別化　10, 18, 62
　過度の——競争　163
ザラ化　160
産業クラスター　157, 183, 187, 189
産業生態系　174, 183, 187, 190
産業プラットフォーム　188
産業魅力度　12
産業流列　2
参入障壁の構築　4
シーカー　117, 207
時価総額の増加　4
事業強度　13
事業戦略　6
事業創成のためのイノベーション戦略　190
事業の存続確率〔存続可能性〕　182, 189
事業部門間の資源・資産共有度〔相互依存性〕　13, 17
資源依存　52
資源依存論に基づく経営決定　36
資源基底観〔資源基底枠組み〕　15, 204
資源配分　11

資源ベースの戦略決定　17
資産特殊性　201
事実上の標準　→デファクトスタンダード
市　場　131
市場開発　8, 10
市場浸透　8, 10
市場予測〔市場トレンドの先読み，市場の成長性の見極め〕　48, 83, 166
システム化　173
持続的技術　25, 26
実装知財　107
実利主義者　130, 132, 133, 140, 143, 147
シナジー効果　99, 118
資本提携　63
収益率　36
修正 RAP モデル　17
集　中　10
周辺市場　48
重量級チーム　52
縮　小　18
需要条件　185
条件付き請求権契約　198
少数主体間交換関係　194
仕様知財　107
消費の不連続性　126
情報汚染　207
情報財　113
　　——取引　193, 207
情報のパラドクス　206
情報の偏在　195
商　流　39, 139
商流プラットフォーム　157, 173, 178, 190, 204, 211
　　SCM に基づく——の構築　189
初期市場　126, 128, 130
新規事業創出プロセス　17
新市場　149
衰退期　8, 10, 126

垂直的統合　1, 2, 4, 92, 113, 114, 193, 198, 201, 203
垂直的マーケティング　170
水平的統合　2, 6, 203
水平的マーケティング　170, 171
優れた経営　35
スピンアウト　63
　——の留意点　85
　——ベンチャー　58
　技術資産の——　78
スピンイン　79, 120
スリーサークルコンセプト　14
成熟期　8, 10, 11, 126
　——の短期化　9
成長期　8, 10, 11, 126, 163
製品　7, 55, 125, 130
製品開発　7, 8, 10
製品化技術　108
製品システム　32
製品ラインナップ　161
製薬産業　112
セグメント化　158
積極的攻勢　18
切迫性　204
セールスサイクル　153
宣言の問題　199
先行者　126-128
専守防衛　18
漸進的技術変化　26
選択と集中　14
先発者優位　133
前方統合　2
戦略オプション　10
戦略スキーム　7, 10
戦略的資源の調達　204
戦略的資産　180
戦略的提携　91, 193, 204, 206, 211
戦略的プロセス　36, 203
戦略的利害関係グループ〔SIG〕　105
戦略転換点　112

早期多数派　126, 128
相互連関からの新需要創造　188
組　織　202
　——の雰囲気　198
組織間関係　193, 204
組織能力　35
ソフトウェア　84
ソフト資産　3, 95, 99
ソルバー　117, 207

た 行

代替技術　85
ダイヤモンド　184
代　用　171
多角化　7, 8, 10
ターゲット顧客　82
ターゲットマーケティング　170
ターゲットマージン　62
タスクフォース　133
　——の新規事業創造　125
段階的施策　18
逐次的スポット契約　201
知的財産権〔知財〕　98, 99, 108
　——戦略　98, 106
チャンス　18
調整コスト　198
直接投資　80
直　販　151
強　み　18
出遅れ者　126
テクニカルバイヤー　139, 143
テクノロジーライフサイクル　126
データ中心主義　36
撤　退　18
デファクトスタンダード〔事実上の標準〕　44, 102, 106, 132
デル化　160
統合型〔インテグラルな〕製品開発　92
統合戦略　1, 2, 5

投資コスト　205
導入期　8, 10, 11, 126
特許権　95, 96
トップダウン型　15
取引費用　5, 194
　——の経済学　193, 204
　——パラダイム　198

な 行

内部資源　19
　——の有効利用　119
内部組織　109
内部対立のマネジメント　110
並替え　171
ニーズ　61, 173, 190
ニッチ〔ニッチ市場，ニッチセグメント〕　28, 46, 86, 131, 133, 137, 145, 157, 178
　——の攻略　143
ニッチ戦略　62, 157, 172
ネットワーク効果　99, 118, 188

は 行

ハイエンド　83
買　収　63, 64, 76, 85
　株式交換による——　86
　技術の——　78
ハイパー競争　37, 159
破壊的イノベーションの原則　34
破壊的技術　25, 26, 28, 34, 125, 126, 130
　——のプロトタイプ　32
破壊的製品　45
抜本的技術変化　26
バーティカルメディア　150
花　形　11
バリューチェーン　30, 61
バリューネットワーク　30, 39, 62
　——と企業との関係　34
バリュープロポジション〔価値命題〕　61, 133
ビジネスモデル　39, 60, 72, 92
　——の転換　94
ビジョナリー　128, 132, 137
標準化プラットフォーム　211
品質管理　4
ファイナンス　4
不確実性　194
　——の除去装置　202
不完全長期契約　199
複合階層組織　202
部　品　84
プラットフォーム　91, 98, 112, 122, 123, 135, 139, 211
　——形成　108
プラットフォームサービサー　117
プラットフォームリーダーシップ（戦略）〔PLS〕　91, 108, 110, 121, 125, 181, 193
ブランド化　107
フルラインナップ戦略の崩壊　163
プレタポルテ　160
プロセス　35, 39, 49, 52
プロダクトポートフォリオマネジメント〔PPM〕　11
プロダクトライフサイクル〔PLC〕　8, 10, 25, 126
　——の短期化　158
文　化　40
ベンチャー企業　133
　——のマーケティング成長戦略　125
ベンチャーキャピタリスト　88
ベンチャーキャピタル〔VC〕　80, 81
ベンチャー投資　80
補完技術　85
補完業者　152
　——との関係　109
ポジショニング　149
ポートフォリオ　11

ボトムアップ型　15
ホールドアップ問題　201
ホールプロダクト　84, 131, 136, 140, 151
　——の発表　149, 152

ま 行

負け犬　12
マーケットセグメント　61, 82, 83
マーケットリーダーシップ　133
マーケティングミックス〔4P〕　146
マネジメントコントロール　4
マネジメントシステム
　環境依存的な——　37
　テクニカルな——　36
ミッション　7, 8
ミドルアップ＆ダウン型　15
ムーアの法則　104
メインストリーム市場　45, 126, 130
　——の変化　182
　——の優良企業　28
モジュール〔モジュラー〕型開発　92
模倣困難性　172
モラルハザード　195
問題児　11

や 行

安物化の罠　159, 160, 172

誘因と統制のスキーム　196
優良企業〔既存優良企業〕　32, 34
　メインストリーム市場の——　28
ユニークさの罠　130, 143
要素条件　184
用　途　8, 51, 55
　——探索の学習プロセス　55
弱　み　18
4レバー枠組み　108

ら 行

ライセンシング　64
ライバル間競争　187
ラテラルシンキング　170
乱立の罠　159, 163, 172
理解不能性　199
理想プロダクト　132
流通業者を活用した小売り　151
流通チャネル　150
レディメード製品　161
廉価版〔ディフュージョン〕ライン　161
ローエンド破壊　160
ロジスティックスの確保　4

企業・商品名等索引

アルファベット

Agere Systems　72
ARM　98
AT&T　47, 60, 63, 72, 78
Avaya　→アバイヤ
BJ'sホールセールクラブ　163
BMV　38
Celestica Corporation　72
CRL　104
DEC　102, 105
Elemedia　64
EMC　134
FIP Netプログラム〔FNP〕　119, 121
Full View　64
GE　13
GM　6
H&M　161, 162
HP　→ヒューレット・パッカード
IAL　→インテルアーキテクチャラボ
IBM　20, 21, 44, 47, 53, 54, 57, 63, 91-95, 98, 99, 101-103, 105, 109, 112, 128, 148, 160, 166, 211
IHG　→インターコンチネンタルホテルグループ
Kマート　163, 164
LDV　→ Lucent Digital Video
Linux　99
Lucent Digital Video〔LDV〕　64, 65, 68
MessagePad　→ニュートン
MRL　104
NCR　63, 105
NEC　83, 105
NetCalibrate　64
Noteable　64
NVG　→ルーセント・ニューベンチャーグループ
OSS〔Open Source and Standards〕（活動）　99, 101, 109, 112, 211
P&G　121, 210
Silicon Graphics International Corp.　144
Tyco International　72
UCC　175
VideoNet　64

あ　行

アイレックスオンコロジー　115
アスクル　21
アストラゼネカ　115
アセンド・コミュニケーションズ　68
アップル　41, 44-49, 54, 93, 95
アバイヤ〔Avaya〕　72, 73
アブジェニクス　116
アムジェン　116
アルカテル　59, 69, 83
アルカテル・ルーセント　83
アルマーニ　160, 161, 166
イーストマンケミカル　175
イーストマン・コダック〔コダック〕　49-51
イノセンティブ　117-119, 121, 206, 208-210
イノベーション・エクスチェンジ〔IXC〕　210
イミュネクス　116
イーライリリー　91, 112, 115-121
インターコンチネンタルホテルグループ〔IHG〕　163-165
インターネット・キャピタル・グループ　95
インテル　44, 47, 49, 53, 54, 57, 63,

229

74, 91, 93, 94, 98, 102-112, 128,
　　　160, 211
インテルアーキテクチャラボ〔IAL〕
　　　104, 105, 110, 111, 211
インテルラボ　104
ウィンドウズ　160
ウエスタン・エレクトリック　60, 63
ウェブエックス・コミュニケーションズ
　　　76
ウォルマート　163
エリクソン　73
大阪ガス　206
大塚製薬　145
オーシャン・トモ　211
オーストラリア産業連盟　210

■ か 行

カシオ　50
カネカ　157, 174-176, 178-181, 189,
　　　211, 212
カールスバーグ　188
カンタム　33
キティホーク　46, 48, 49
キネティックス　116
ギャップ　161, 162
キヤノン　51
京セラ　190
キリンファーマ　116
クライスラー　6
クレッシェンド　76-78
コアセラピューティクス　115
コカ・コーラ　145
コクヨ　21
コダック　→イーストマン・コダック
コナーペリファラルズ　33
コントロール・データ　32
コンパック　94, 102, 103, 105, 128

■ さ 行

サイエンティフィック・アトランタ
　　　76
ザラ　159, 160, 162, 174, 189
サントリー　145, 148
サン・マイクロシステムズ〔サン〕
　　　144, 148
シアーズ　163, 164
シエナ　83
ジェネンテック　116
シーゲート　32, 33
シスコシステムズ〔シスコ〕　63, 73,
　　　74, 76, 78, 79, 86, 98, 120
シナジェン　116
シマノ　137-139, 150, 173, 211
シャネル　161
シャープ　41
上海シリコン知的財産取引センター
　　　〔SSIPEX〕　210
シュガート　33
ジョンソン・エンド・ジョンソン
　　　150
シリコングラフィックス　143, 144,
　　　148
スコッチ洋服店　167
スターウッド　163, 165, 166
ゼロックス　57, 134
　──パロアルト研究所　57
ソニー　37, 39, 50, 51, 187

■ た 行

武田薬品工業〔武田〕　115, 116
タンドバーグ　76
ディオール　161
ディーゼル　162
デジタルオーシャン　41
デル・コンピュータ〔デル〕　20, 21,
　　　37, 39, 98, 159, 160, 166, 174
デルフィオン〔Delphion〕　95
東芝　187
ドキュメンタム　134, 135
トラスコ中山　37, 39

ドルチェ&ガッバーナ　160, 161

な 行

ナインシグマ　210
日本電産　190
ニュートン〔MessagePad〕　40, 41, 44, 45, 49
任天堂　171
ノーテルネットワークス〔ノーテル〕　59, 60, 65, 68, 73, 83

は 行

バウンティケム　117, 119
パル　167, 172
ハーレーダビッドソン　38
バレンチノ　161
日立製作所〔日立〕　73, 187
ビッグ・アイデア・グループ〔BIG〕　210
ヒューレット・パッカード〔HP〕　46-49, 144, 148
ヒルトン　163, 164
ファイザー　150
ファーウェイ　83
フィリップ・コンシューマ・コミュニケーションズ　72
フェアチャイルド　102
フォード　6, 202
フォルクスワーゲン〔VW〕　122
富士通　83
プラダ　160
古河電工　72
ベイネットワーク　68
ベネトン　161
ベーリンガーインゲルハイム　116
ベル研究所　63, 64, 69, 72, 73, 86
保木記録紙販売　140

ホギメディカル　140-142, 150, 174, 211
ホンダ　37, 38, 47, 48

ま 行

マイクロソフト　44, 46, 47, 49, 74, 93, 94, 102
マイクロポリス　33
松下　187
ミニスクライブ　33
ミレニアム・ファーマシューティカルズ　115
村田製作所　190
メモレックス　32, 33
モトローラ　41, 47
モンサント　175

ら 行

ラッカブル・システムズ　143
ラドウェア　73
ラルフローレン　161
リプレイ　162
リンクシス　76
ルーセント・テクノロジー〔ルーセント〕　57, 59, 60, 63-65, 68, 69, 72, 73, 78, 82, 86, 87, 112
ルーセント・ニューベンチャーグループ〔NVG〕　59, 60, 63-65, 69, 73, 79, 82, 86, 87
レノボ〔レノボ・グループ，聯想集団〕　92, 94, 98
ロッシュ　115
ローム　190

わ 行

ワイス　116
ワイルドマシン　177

人名索引

青木雅生　64
アロー，K. J.　206
アンゾフ，H. I.　6-8, 10
井上英隆　167, 168
ウィリアムソン，O. E.　194, 195, 198-200, 202
ウェルチ，J.　13, 15, 17
恩蔵直人　170, 171
ガースナー，L.　94
ガルブレイス，J. R.　36, 202
ガワー，A.　108
クスマノ，M. A.　108
クラーク，K. B.　52
クリステンセン，C. M.　25, 26, 28, 29, 32-34, 39, 47, 52, 54, 91
クリントン，B.　83
グローブ，A. S.　102, 105, 111, 112
ゴア，A.　83
サイモン，H. A.　194, 197, 198, 202
サッソン，S. J.　49
ジョブズ，S.　46, 54
スカリー，J.　41, 45
スティグラー，G. J.　1
スミス，A.　1
竹内弘高　15
ダビドゥ，W. H.　131

ダベニー，R. A.　159, 163, 169
チェスブロー，H. W.　57, 60, 61, 63, 82, 85, 91, 96, 119, 210
チャンドラー，A. D., Jr.　1
ノイス，R.　102
野中郁次郎　15
バウワー，J. L.　15
バーゲルマン，R. A.　17
ハメル，G.　14, 17
プラハラード，C. K.　14
古田武　175-177, 179-181
ホイールライト，S. C.　52
ボサック，L.　74
ポーター，M. E.　10, 30, 157, 183-186, 188, 190
ミラー，J.　134
ミルグロム，P.　197
ムーア，Geoffrey A.　126, 131, 133-137, 139, 143, 147-150, 153
ムーア，Gordon　102-104
モーガン，T. H.　25
ラーナー，S.　74
レビット，T.　131
ロイド，G. J.　49
ロバーツ，J.　197

■ **著者紹介**

小林 敏男（こばやし としお）

1960 年生まれ。
1983 年，大阪大学経済学部卒業。
1988 年，大阪大学大学院経済学研究科博士後期課程単位取得退学。
1991 年，経済学博士（大阪大学）。
現　　在　大阪大学大学院経済学研究科教授。
研究分野　経営組織・戦略，事業創造。
主要著作　『正当性の条件――近代的経営管理論を超えて』有斐閣，1990 年（第 8 回組織学会高宮賞受賞）。
　　　　　『現代日本経済を考える』（共著）八千代出版，1996 年。
　　　　　『日本経済のこれから』（分担執筆）有斐閣，1997 年。
　　　　　『経営管理』（共著）有斐閣，初版・1999 年；新版・2009 年。
　　　　　『プラットフォーム・リーダーシップ――イノベーションを導く新しい経営戦略』（監訳）有斐閣，2005 年。
　　　　　『ガバナンス経営――「守りすなわち攻め」の体制とは』（編著）PHP 研究所，2007 年。

事業創成――イノベーション戦略の彼岸
Business Creation and Sustenance: Beyond Innovation Strategy

2014 年 4 月 20 日　初版第 1 刷発行

著　者　　小　林　敏　男

発行者　　江　草　貞　治

発行所　　株式会社　有　斐　閣
郵便番号　101-0051
東京都千代田区神田神保町 2-17
電話　（03)3264-1315〔編集〕
　　　（03)3265-6811〔営業〕
http://www.yuhikaku.co.jp/

印刷　株式会社理想社／製本　大口製本印刷株式会社
文字情報・レイアウト　田中あゆみ
© 2014, Toshio Kobayashi. Printed in Japan
落丁・乱丁本はお取替えいたします。
★定価はカバーに表示してあります。

ISBN 978-4-641-16437-6

JCOPY　本書の無断複写（コピー）は，著作権法上での例外を除き，禁じられています。複写される場合は，そのつど事前に，(社)出版者著作権管理機構（電話03-3513-6969，FAX03-3513-6979，e-mail:info@jcopy.or.jp）の許諾を得てください。